Before the Introduction　最新版の発行によせて

●アフターコロナ、これからの接客

２０２０年1月16日未明、この日初めて日本での感染者が認められた新型コロナウイルスは、その後の日本を大きく変えてしまいました。

パンデミック、緊急事態宣言。まるで映画でも見ているかのようにテレビ画面に映し出されるその光景は、紛れもない現実であり、ひとつ、またひとつと飲食店やサロンなど「店＝接客業」を飲み込んでいったのです。

私の知っている店でも、閉店に追い込まれた店舗が多くありました。マスクをしていて笑顔を見せられない接客。アクリル板越しの接客。コロナが落ち着いた後、イナゴの大群が去った後の農地のように荒れ果てた店々の接客は、どう変わっていったでしょうか？

実をいうと、私の店では、変わったところはほとんどありません。

本書『お客様がずっと通いたくなる「極上の接客」』の初版は、今から約11年前の２０１

3年に書いたものです。10年という時を経て、この度、おかげ様で最新版として新たに筆を加えているのですが、コロナよりもはるか前に書かれた本書の内容の真髄は、コロナ後の今となってもほぼ変わることなく当てはまることばかりだったのです。

店という視点で見た時、ひとつ大きく変わったところをあげるとすれば、〝より一層、接客が重要視されるようになった〟というところでしょう。

もちろん10年ひと昔。細かなところで変化した接客もあります。変わりゆくものと変わらざるもの。何十年経っても色褪せない「極上の接客」とは何なのか？

それらを最新版である本書で解説してまいります。

はじめに

本書を手に取ってくださり、ありがとうございます。
あなたは、接客業に携わっている方でしょうか。
お客様とのコミュニケーションをもっとよくしたいと思っているでしょうか。
さらなる接客の方法を学び、もっとお客様に喜んでいただきたいとお考えでしょうか。

あらためまして、こんにちは。サロン経営とサロンコンサルタントをしております向井邦雄と申します。前著『お客様がずっと通いたくなる小さなサロンのつくり方』（同文舘出版）は、多くの方からご支持をいただき、とてもうれしく思っています。同書を出版後も私の経営する店は順調に売上が伸び、出版時にオープン時の7・5倍だった売上は、今は20・1倍になり、リピート率も相変わらず9割以上の高い水準を維持し続けています。

正直、前作を書き終えた時は、「すべて出し尽くした。これ以上書けることは何も残っていない」という気持ちでした。しかし月日がすぎ、多くの店舗経営者の方とお会いするうちに、前著をお読みいただき実践されている店の中にも、うまくいっている店とそうではない店があるという現実を見聞きすることになりました。

同じことを同じようにやっても、結果が出る店と出ない店がある。その差はいったい何なのか、と考えるようになったのです。

私たちの営む「接客業」は、人と人、心と心のつながりによって成り立っています。ノウハウや形式だけを学びオートマティックにコピーしても、やはり相手には伝わってしまいます。本当に心からお客様に喜んでいただき、信頼関係が出来上がってこそ、取り組んだすべての歯車が噛み合い、店の売上が上がっていくのです。

もう一度いいますが、私たちが携わっているのは「接客業」です。お客様に物を売るのではなく、「喜び」を売ってお金をいただいているのです。本当にお客様が望んでいるものは何か？　私たちはお客様に、もっともっと何をしてあげられるのか？　本来の接客業とは何なのか？

それらを多くの方にお伝えしたいと思い、本書を書く決意をしました。

本書は、本当の意味での〝素敵なお客様〟の心をつかみ、そのお客様に喜んでいただき、店側も幸せな店舗経営を実現していくための接客の本です。ただ、接客の本とはいっても

「お辞儀の角度」とか「正しい敬語」などを書くつもりはありません。

先述したように、接客は「人と人」。**基本やマニュアルを超えた、本当に大切な部分**を皆様にお伝えできればと思っています。

現在のさまざまな業種の店は経済発展と共に、実は「企業目線」で成長してきました。例えばコンビニ。雑誌コーナーは大きなガラス越しに店の外を向いていて、外の通行人から丸見えの状態です。「立ち読みＯＫ」にすることで、にぎわっているように見え、道行く人も店内に入りやすくなります。とてもうまい仕組みです。それを否定するつもりはありません。ただ、立ち読みの人が邪魔をして、本当に雑誌を買いたいと思った人が雑誌を探せないのも事実。企業側が効率よく集客しようとした仕組みにより、〝雑誌を買いに来た〟お客様の満足度を下げてしまっているのです。

それ以外にも、なぜ飲食店のイスは硬いのか、なぜマッサージ店の待合室は狭いのか、なぜ美容院は外からも隣からも丸見えなのか、など、**店側が効率を追求してきたことが、実はお客様の満足度を下げてしまっていること**はたくさんあります。あまりにも当たり前になりすぎていて、**店側はもちろんお客様さえも気づいていないこと**もたくさんあるのです。

経済成長もとうに終わり、不況が長く続く今の時代、本当の意味での「顧客目線」を見直す時ではないでしょうか。すべてを顧客目線に直すのには膨大な時間がかかるかもしれません。しかし、まわりの店がまだ気づかず直していない今だからこそ、真っ先に顧客目線に還った店はうまくいくと思います。

ひとつだけ、はっきりといえることがあります。

今、私はたくさんの素敵なお客様に囲まれて、毎日がとても幸せです。心から接客業をやっていてよかったと思います。

あなたがもしも今、少しでも接客業を苦痛に感じているなら。

あなたがもしも今、素敵なお客様に恵まれずにどうしたらいいか悩んでいるなら。

あなたがもしも今、売上不振でつらい思いをしているなら。

どうか本書を読んで、本当の接客の素晴らしさと楽しさを知ってください。

あなたとあなたのお客様とまわりの人が、笑顔に包まれて幸せな毎日を送れますように。

この一冊を通して、小さな幸せがたくさん増えることを心から願っています。

Contents

最新版　お客様が
ずっと通いたくなる
「極上の接客」

PART2

ワンランク上の「心を開く」接客術

Hearty Hospitality

PART3

学ぶのではなく体に染み込ませる

Hearty Hospitality

PART4

テクニックはいらない

Hearty Hospitality

PART5

万人に喜ばれる接客では意味がない

Hearty Hospitality

PART6

「極上」と呼ばれる接客の裏ワザ

Hearty Hospitality

PART7

Hearty Hospitality

愛されたければ愛すること――
さらにお客様に愛され続けるために

PART8

接客を学べば日常も変わる

Hearty Hospitality

カバー・本文デザイン　高橋明香（おかっぱ製作所）

Introduction

Hearty Hospitality

接客は
すべての基本

結果が出ない原因は接客にあった

Hearty Hospitality

私は接客業に携わるようになって30年以上になりますが、25年ほど前、新人スタッフの接客指導をしている時にいわれた衝撃的なひと言が、今でも忘れられません。それは、「お客様と話す時以外でも、常に笑顔でいるように」と教える私に対しての返事でした。

「何もないのに、ひとりで笑っていたら気持ち悪くないですか？」

怒りやあきれを通り越し、接客業を経験したことのある人間とない人間とではこうも常識が違うものなのかと、妙に感心したことを覚えています。

たしかに、学生が授業中に机に向かってひとりでニヤニヤしていたら気持ち悪いでしょう。しかし、接客では違うのです。自分がお客の立場に立ってみて、入った店の店員が仏頂面で黙々と作業をしていたら……。きっと、聞きたいことがあっても話しかけづらいし、何となく居心地が悪いと感じるのではないでしょうか？

店員は常にお客様に見られています。自分の常識では、「いつも笑っているのは気持ち悪い」と思っていてもお客様の常識は違うのです。この**「もしも自分がお客だったら」という考え方こそが、「顧客目線」の基本**です。あなたが接客について考える時、店の運営について考える時、常にこの視点に立ち戻ることが、あなたとすべてのスタッフの接客力を上げる第一歩となるでしょう。

もしも今、店からお客様が離れてしまって、本で勉強しても、どんなキャンペーンを打ってもうまくいかないと悩んでいるなら、今一度「顧客目線」という位置から接客を見直してみる必要があります。

Hearty Hospitality

誰も教えてくれない接客の本質

大手チェーン店や教育に熱心な店舗では、新人スタッフが入ると、最初にマニュアルを渡します。接客マニュアル、作業マニュアル、運営マニュアル。5大接客用語や7大用語などを復唱し、体に染み込ませます。これらの基礎はもちろん大事です。

しかし、私はこれらのマニュアル用語を守ったことがありません。それは、自分がお客として店に行った時、棒読みで機械的に声をかけられることがとても嫌だったからです。当然、当時働いていた店の先輩や店長からは叱られるのですが……。

「絶対にマニュアル通りに声をかけ、接客しなくてはいけない」。そこに最初の間違いがあります。

接客用語を使うのが大事なのではありません。**「『何のために』接客用語を使うのか」が大事なのです。**清掃も商品の陳列も同じです。何のために清掃をするのか？　何のために商品を陳列するのか？　これが大事なのです。

ここをしっかりと意識していないと、いつの間にか「掃除をするのが仕事」「商品を並べるのが仕事」となってしまいます。この時点で、店での仕事は接客業ではなくなっています。ただの「作業員」です。そうなると、笑顔はなく、お客様が商品を探そうとしていても、通路をふさいだまま大きな音を立てて一所懸命に〝作業〟をすることになります。

接客とは、「お客様をもてなす」ということです。物を売ったり店内をきれいにしたりするのが接客ではありません。それらの作業は、「お客様に喜んでいただく」ための過程にしかすぎないのです。

そういった意味において、マニュアルというのはひとつの指標にしかすぎません。**できない人を、最低限のレベルまでできるようにするために、画一化していくのがマニュアルの役割です。**

ここで質問です。あなたはお客として、当たり前のことを当たり前に、他の誰とも同じように扱われてうれしいと感じますか？

私も個人店舗を経営する者のひとりですが、資金力、店の規模、人材力、どれを取っても大手企業にはかないません。**マニュアルにあるような、当たり前のことを当たり前にこなしているだけでは、中小店に勝ち目はないのです。**

あなたが本当にお客様から愛される店にしたいと思ったら、マニュアルから一歩踏み出さなければなりません。接客マナーをひと通り学んだら、その向こう側に飛び出してみてください。

Hearty Hospitality

あなたが売っているものは何ですか？

店は、お客様に商品を売り、その売上を得て経営が成り立ちます。おいしい食事だったり、気持ちのよいマッサージだったり、おしゃれなヘアスタイルだったり。しかし、今は便利な世の中です。インスタントでもおいしい食べ物はありますし、マッサージも自宅用の機器があります。ちょっとインターネットで検索すれば、他にもいい店はいくらでも見つかります。そんな中で、お客様があなたの店を選ぶ理由は何でしょうか？　とびきりの技術でしょうか？　ダントツの安さでしょうか？

私の経営するサロンで、このようなことがありました。

他のサロンで長く経験を積んだあと、当店に入社したあるスタッフのことです。入社後、厳しい研修とテストを乗り越えて合格し、技術はどこに出しても恥ずかしくないほどにまでなったので、お客様の施術を任せました。しかし、常連のお客様から不満が寄せられたのです。「他のスタッフに代えてほしい」「ちょっと技術が頼りない」と。

再度確認してみても、そのスタッフの技術は確かです。では、なぜこのような声があがったのか、その答えは実は、「接客力不足」にあったのです。

ここで興味深いのが、お客様はそのスタッフの「接客力に問題がある」とはいわなかったことです。なぜならば、**お客様は自分では「接客を受けに来ている」と思っていないからです。**施術を受けに来ていると思っています。ですから**お客様の不満は、接客力不足として現われるのではなく、技術不足として現われます。**

お客様は、技術を買いに来ていると思っています。店側も、技術を売っていると思っています。しかし実は、**店が売っているのは安心感や満足感、すなわち「喜び」**だったのです。

飲食店も同じです。お客様自身も気づいていないかもしれませんが、お客様は料理を食べに来ているのではなく、「食事をすることによって得られる満足感」を買いに来ているのです。**お客様に喜びを売る商売。それが接客業なのです。**

この基本的なことがわかれば、あとはそれをどのように活かしていくかです。お客様に満足していただき、お客様を増やしていくにはどうすればよいでしょうか？　お客様と信頼関係を築き、店の経営に活かすにはどうすればよいでしょうか？

どんなにお客様への真心や思いやりがあっても、それがうまく伝わらなければまったく意味のないものになってしまいます。お客様にあなたの「まごころ」をうまく伝えるには、ちょっとしたコツと自分自身の見直しが必要です。

そしてもうひとつ、この真心こそが近い未来に迫っている接客業の危機を救うカギでもあるのです。

Hearty Hospitality

ネコ型ロボットに人類は滅ぼされるのか

青くて丸い体に四次元ポケットを携えた未来のネコ型ロボット。私が1歳の時に始まったこの漫画、当時ははるか未来の夢物語でしたが、それから半世紀以上が過ぎ、今では現実となった道具もいくつか存在します。確実に時代は進化しつつあります。未来から来た猫、もちろん彼は紛れもなく人々の味方に間違いないですが、恐ろしいことに接客業を営む私たちにとって脅威となる（かもしれない）別のネコ型ロボットが存在します。

家族でファミレスに行った時、それは現われました。水とおしぼり、料理を運んでくる配膳ロボットです。人件費削減のためか、導入する店が増えてきました。

当然ロボットなので、接客というよりただの荷物運びなのですが、「いらっしゃいませ」などの簡単な言葉は発するし、顔の部分に液晶で浮かぶ猫っぽい表情には何となく愛おしささえ感じます。もう少し技術が進化すれば、簡単な質問にも答えるぐらいの接客はこなすようになるのかもしれません。そしてやがて我々接客業従事者に取って代わり、反乱を起こして世界を支配することに……。

冗談っぽく書きましたが、あながち間違いではない未来が垣間見えるのも事実です。飲食店で注文する時のタブレット端末はその片鱗ともいえるでしょう。ＡＩの進化、チャットＧＰＴなどなど、便利だと思って何気なく使っているこの「便利さ」が、接客の簡素化につながり、接客本来の「人と人とのつながり」の素晴らしさを薄めていってしまうのです。

実際、人件費がかからなくなるのですから、すでに一定数の接客従事者は減っていることでしょう。セルフエステ、セルフジム、セルフ飲食店などが増え、便利さと簡素化によって確実に接客は薄まってきています。この先もしも、すべての接客がＡＩや機械になってしまったら……。

個人的に私はそんな未来は絶対に嫌ですし、接客業に携わるものとして、そうであってはならないと痛感しています。本書を手に取り接客を学ぼうというあなたも、きっとそう感じていることでしょう。

では、そうならないためにはどうすればいいでしょうか？

こんな時だからこそ、より一層必要なもの、それが「人と人とのつながり」、つまり「極上の接客」なのです。

そもそも「接客」とは何なのでしょうか？

接客の定義、その解釈はさまざまですが、本書ではこう定めます。

接客とは「心から思いやる気持ちを持ってお客様に接すること」。

ＡＩには「心」はありません。どんなに人工知能が発達しても、人を愛したり心から思い焦がれたりすることはできません。それこそが機械と人との違い。

そんな気持ちを持ったうえで極上の接客を学んでいけば、絶対にあなたの接客が他の何かに取って代わられることはありません。

これからたっぷりと接客について大切なことを書いていきますので、ぜひ読み進めてください。ワンランク上の極上の接客でお客様との関係を築けば、あなたのまわりは幸せに溢れ、自然に売上も上がり、キラキラと輝く明日が待っていることでしょう。

さて、いよいよ本編の始まりです。

PART1

Hearty Hospitality

語られそうで
語られない
「接客の基礎」

Hearty Hospitality

動作の基本は「緩・急・緩」

前章で、「マニュアルにこだわる必要はない」と申しましたが、やはり人と接する以上、最低限の基礎は必要です。基本的なしぐさやマナーは他の本に譲るとして、ここでは他であまり語られていないちょっとしたコツや基本的な心構えをお伝えしたいと思います。

まずは動作のコツです。お客様と接するうえでの心地よい一連の動き。私はこの動作を**「緩・急・緩（かんきゅうかん）」**と名づけました。

「動きに緩急をつけなさい」という言葉は聞いたことがあるかもしれません。そこに、ある特定の規則性を持たせ、メリハリのある動きにするのが「緩・急・緩」です。動き始めと終わりはゆっくりと、そして間の動きは素早くするのです。

例えば、グラスを移動する場合、最初にグラスを持つ時はゆっくり、宙に浮かせたら素早く目的の場所まで動かして、最後に置く時はまたゆっくりと。これは、自動車でスピードを出す時のアクセルとブレーキの使い方にも似ています。

全体にゆっくりすぎる動作は、お客様をイライラさせてしまう場合があります。一方、すべてを速くすると、乱雑でいい加減な印象を与えてしまいますし、大きな音が立ち、怒っているようにも見えてしまいます。**なるべく音を立てずに柔らかく動き始め、間は素早く移動して終わりはソフトにゆっくりとフェードアウト**。意識しなくても自然にできている人も稀にいますが、多くの人は均一でメリハリのない動きになってしまっています。

この動きをマスターすると、とてもきれいで洗練されて見えますので、ぜひ練習してみてください。動作の基本は「緩・急・緩」です。

Hearty Hospitality

大事なのは「ほわあん」とした接客

「ほわあん」ってどんな接客？　そんなボーッとした感じでいいの？　と思われた方、ご安心ください。「ほわあん」とは**「ほめる」「笑わせる」「安心させる」**の3つの頭文字を取ってつくった私の造語です。

まず、お客様のいいところを見つけて、そこを素直にほめることでこちらから距離を縮め、警戒心を解いていきます。続いて、軽いジョークや軽快なトーク、自虐ネタなどでふっと笑わせ、お客様の心を開きやすくします。そのうえであなたの確かな知識、技術、誠実さを伝えることで安心感を与えるのです。詳しくは後述しますが、今はこの3つ、「ほめる」「笑わせる」「安心させる」、すなわち「ほわあん」を覚えておいてください。

ただ、上辺や小手先だけで、ほめたり笑わせたりして安心させても意味はないことは忘れないようにしてください。

Hearty Hospitality

見た目は無難を心がける

動作・話術に続いて、接客の基礎で大事なことのひとつとして、「身だしなみ」があります。清潔感や上品さなど、気をつけるべき点はたくさんありますが、ほとんどの方は、常識の範囲で身だしなみについては気をつけていることと思います。

しかし、「髪の色はどこまで許されるのか?」「どのくらいの大きさのアクセサリーであればつけてもOKなのか?」など、**微妙な境界線に悩む**こともあるでしょう。基準が曖昧だと、まわりのスタッフとの間に不公平感が出てしまうかもしれません。時代は常に流れていますから、昔の基準ではいつの間にか取り残されているということもあるかもしれません。

では、身だしなみの基準はどこに設ければいいのでしょうか? その答えは、とてもシンプルで、かつ奥深いものです。

例えばここにリンゴがあります。色や大きさ、形や甘さなど、リンゴの品質を判断する要素はたくさんあります。しかし、どれだけ味や形、大きさのすべてにこだわって最高のリンゴを用意したとしても、そのリンゴのことを悪くいう人がいます。そう、それは、リンゴそのものが嫌いな人です。リンゴが嫌いな人に、どんなに高級なリンゴを出したとしても、いい感想は返ってこないでしょう。そういう人に、いくら甘みを増そうと努力をしても逆効果です。では、悪くいわれないためには、どうすればいいでしょうか。答えはこうです。

「リンゴを出さなければいい」

身だしなみもこれと同じなのです。ネックレスをつけてもいいかどうか迷った時、お客様によって意見は分かれます。すごく気に入ってくださる方もいれば、「チャラチャラして気に入らない」と思う方もいることでしょう。一方、つけなかった場合は、もともとないものなので、誰も不快に感じることはありません。髪型もピアスも同じでしょう。よほどそこにこだわりを持っている場合や、ファッションセンスを商品にしている場合を除いて、接客で力を入れるべき場所はそこではないはずです。

商品、技術、接客。本来こだわるべきものでお客様に満足していただくには、それ以外の余計な要素はフラットにしておいたほうがよいのです。

これから、さまざまな接客方法をお伝えしていきますが、それらを活かしていくための基本として、身だしなみはフラットの状態、波風の立たない無難な状態にしておくことが理想的だということを覚えておきましょう。

Hearty Hospitality

お客様の「こうしてほしい」を先回りする接客術

動作、話術、身だしなみ。これらに次いで大事なのが、「気配り」です。気配りは接客の基本ですし、それが大事だというのはおわかりだと思うのですが、実際にはなかなかこれができている人がいないのが現状です。

気配りの意味は、「あれこれ気を遣うこと。手抜かりがないように注意すること。心遣い。配慮」ですが、人の気持ちというのは相手しだいで動くもの。**気を遣うにはまず、相手の気持ちを理解していなければなりません**。「このお客様は今、何を望んでいるのだろう。何をしてほしいのだろう」ということを相手の言葉や表情、しぐさから想像力を働かせ、素早く察知しなくてはなりません。

そして、そのお客様のしようと思ったことを先回りして促したり、代わりにしてあげることが大事なのです。優れた格闘家は対戦相手のちょっとした目の動きや筋肉の動きで、一瞬にして次の攻撃パターンがわかるといいます。お客様が何を望んでいるのか、まずそれを知ろうとする努力が必要なのです。

では、どうしたらお客様の気持ちがわかるのでしょうか。方法がわからない方もいらっしゃるでしょう。心理学的に、目の動く方向や手の動き、呼吸など、相手の気持ちを知る方法はあるのですが、実はもっと簡単な方法があります。

それは、**お客様のことを好きになること**です。

「好きな人に、どうしたら喜んでもらえるか」を、常に考えながら接していれば、自然に相手の気持ちがわかるようになってくるのです。
お客様のことを好きになり、心からの気配りを提供していきましょう。

何にも勝るもの、それは笑顔

Hearty Hospitality

ここまで接客の基礎をお話ししてきましたが、これまでの動作、話術、身だしなみ、気配り、すべてを合わせても勝てないほど、接客において重要なものがあります。それが「**笑顔**」です。

「笑顔ができない人は接客業をやるべきではない」
といってもいいすぎではないでしょう。

コロナ禍を経て、笑顔が下手になった人が増えたと感じます。マスク生活の中で笑顔が疎かになってきたこともあると思います。今なおマスクをして接客している方も多くいらっしゃいますが、やはり口元が見えない分、笑顔は伝わりにくくなります。そして今後マスクを外した時、ますますその衰えは顕著になることでしょう。**今の時代だからこそ、これまで以上に笑顔について真剣に考えていく必要があります。**

実は笑顔はとても難しいものです。口角は上がっているか？　目じりは下がっているか？　眉間にしわは寄っていないか？　眉は上がっているか？

何度も鏡を見て、写真を撮って、客観的に自分の表情を知る必要があるでしょう。自分が今どんな表情をしているのか。自分が思っている通りの表情ができるようになるには、自分の表情を客観的に見て、**30種類以上もある表情筋を自在に操れるようにしておかなければなりません。**

自分の声を録音して聞いた時、「気持ち悪い。思っていたのと違う」という経験をしたことはありませんか？　自分が思っている声は、実際には他人にはそう聞こえてはいません。表情も同じことがいえます。もし、あなたが思っている通りの表情ができていないとしたら、知らず知らずにお客様との間にコミュニケーションのズレが生じて、いつの間にかお客様が離れていってしまうこともあるでしょう。**常に客観的に自分の顔を見て、筋肉をどう動かせばどんな表情になるのかを体に染み込ませておくことが大切**なのです。

しかし、**ここまでできて、やっと半分**です。

実は、表情筋というのは自分の意識で動かせるものばかりではありません。専門的には、「不随意筋」というのですが、心臓や胃の筋肉のように、自律神経によって支配され、無意識に動いている筋肉も表情筋には多く存在します。

目の奥が笑っていないと感じる人がいますが、表情筋だけでつくり上げたニセの笑顔というのは、不自然だったり、どこか引きつっていたりして、すぐに気づかれます。**この不随意筋だけは練習ではどうすることもできません**。ではどうすればいいのでしょうか?

これも、前項と同じです。心からお客様を好きになり、心からお客様とのやり取りを楽しみ、心から幸せだと思えばいいのです。そしてその**心からの楽しさが最大限に相手に伝わるように、表情筋を鍛える**のです。

笑顔は人を幸せにする効果があります。笑顔は人を笑顔にする効果があります。そして笑顔は自分を幸せにする効果があります。

お客様と自分の幸せのために、心からの笑顔を身につけましょう。

Hearty Hospitality

お客様との距離を縮める魔法の言葉

動作、話術、身だしなみ、気配り、笑顔。これらが身についたら、お客様とのコミュニケーションはかなりとりやすくなるはずです。そのうえで、接客において多くの業種であまり使われていない魔法の言葉を使ってみましょう。この言葉を使うことにより、一気にお客様との距離を縮めることができます。

その魔法の言葉とは、ずばり、**「お客様のお名前」**です。

先日、久しぶりに実家に帰った時、母親と喫茶店に行きました。そこで私は驚く経験をしました。

「向井さん、コーヒーはいつものように少な目でよろしいですか？」

店員さんが、母親にそう聞いてきたのです。

おそらく母親はその店の常連であり、その店にとってはそれが当たり前のやり取りだったのでしょう。でも私はその言葉を聞いた時、耳から脊髄にかけて「ピクン」と小さな電流が走ったのを覚えています。なぜなら、私も「向井」という名前ですから。

人は生まれてから今日まで、友人や先生、同僚などから、毎日のように数えきれないほど自分の名前を耳にします。そうして人は、**自分の名前に対して無意識に無条件で反応する**ようになっていくのです。「お客様」と呼ばれるよりも、「向井さん（様）」と名前で呼ばれたほうが、明らかに耳に響くようになっているのです。

さらにもうひとつ。名前で呼ばれたお客様がどういう気持ちを持たれるかというと、**「私のことを覚えてくれている」「私はこの店で特別な存在なんだ」という満足感や優越感**です。満足度が上がることで、そのお客様は、「もっとこの店に通いたい」「この店を応援しよう」という気持ちにさえなってくださいます。そうしてお客様との距離が近づき、店のファンになっていただけるのです。

もちろん、名前で呼ばれるのを嫌がるお客様もいらっしゃることでしょう。しかし、大事なのは、**店との距離を近づけたがらないお客様と、距離が近くなるのを喜び、ファンになってくださるお客様の、どちらを大切にしたほうが店のためになるか、**ということです。ここは大事なところなので、しっかりと覚えておいてください。

会話好きのお客様のほうが、当然コミュニケーションもとりやすく、信頼関係も深くなり、リピーターになりやすいばかりか、来店頻度も多くなり、追加メニューを頼んでくれて客単価も上がるでしょう。気心が知れていますから、値引き要求やクレームも少なくなるでしょう。全員が全員というわけではないですが、全体を通してその確率は上がっていくはずです。

今、目の前だけを見るのではなく、先々のことを考えればその答えは明白でしょう。

ただ、ここでひとつ問題があります。

サロンや美容室、または通販など、お客様のお名前がわかる業種はいいとして、飲食店など顧客情報がなかなか得られない店はどうすればよいのでしょうか。

そこで活きてくるのが、ポイントカードやメルマガなどの販促ツールです。ポイントがたまった際や会員登録時に、割引券や景品を差し上げる条件として、お名前やご住所などを記入していただくようにするといいでしょう。お客様は、割引券や景品がもらえるとなれば、意外にすんなりと記入してくださるものです。

また、今の時代はＬＩＮＥという便利なアイテムもあります。平成27年の総務省の調べでは、ＬＩＮＥに本名で登録している人の割合は62・8％もあるとか。ＬＩＮＥを使う店も増えてきた昨今、劇的な効果があるかどうかは別として、お客様のお名前を把握しやすいという点においては十分に活用する価値はあるでしょう。

この顧客情報は今後販促をしていくうえで、とても重要なものになるので、ぜひ入手する仕組みをつくっておくことをおすすめします。

ただ、システムが出来上がっている店でも、残念ながら「名前を呼ぶ」ことが定着していないのが現状です。逆に考えてみると、**他店がやっていないからこそ、チャンスがある**と思いませんか？　そう、**他の店がこうだからという常識にとらわれないこと。**それが今後とても重要になってきます。ぜひ、一歩踏み出してお客様をお名前でお呼びしてみてください。

Hearty Hospitality

プライベートジェットCAの「魅了する接客」

お名前でお呼びするという別の事例として、面白い話があります。航空会社のキャビンアテンダント（CA）の話です。

ふだん私は、家族旅行など私用で飛行機に乗る際にはエコノミー席を利用することがほとんどです。そんな私が、ある日仕事でプレミアムクラスの席に座った時のこと、そこで驚くべきことが起こりました。

「向井様、本日担当させていただきます○○と申します。どうぞよろしくお願いいたします」

「向井様、お飲み物は何になさいますか?」「向井様」「向井様」「向井様」……。

な、なぜ私の名前を知っているのか? 予約の際に名前を入力しているので、調べれば当然わかることではあるのですが、普通席の時にはまず名前で呼ばれることはないので、ただそれだけの違いでもドキッとさせられ、うれしい気持ちになったのです。

お客様の座る席によってサービスを変える。このあたりの使い分けについては後の章(PART5)でじっくりとお話ししますが、この事例だけにとどまらず、CAの方の接客には学ぶべきところがたくさんあります。

数年前に仕事を通して知り合った方で、とても美しい受け答えをされる方がいました。所作、言葉遣い、表情、気遣い、どれをとっても人を魅了し、惹きつけるものがあります。

ほどなくしてその魅力の秘密がわかりました。その方は何と、プライベートジェットのCAをされている方だったのです。

名だたるハリウッドスターや王族までをもおもてなししてきたその接遇には、1ミリの隙もありません。**「心地よい」や「丁寧」を超えて、「魅了する」という領域。**まさにこれこそが極上の接客だと感じさせられた瞬間でした。

そのプライベートジェットCAの方のお名前は山崎充子さん。私が当時感じた通り、その接遇・おもてなしはリアルでもSNSでも多くの反響を呼び、やがてその方は国際Omotenashist®協会を立ち上げ、接遇・おもてなしの書籍を出版するまでに至りました。

本書とはまたひと味違った「人を魅了する」プライベートジェットCAの接客の秘訣。私などはまず乗ることはないであろうプライベートジェットCAの接遇の秘訣。それを知ってみたい方は山崎さんのインスタグラムや書籍をチェックしてみるとよいと思います。

「魅了する接客」。とてもよい響きです。**人を魅了するにはまず相手の心を開く必要**があります。どのようにすれば心を開いてもらうことができるのでしょうか？

その秘訣を次の章でお伝えいたします。

PART2

Hearty Hospitality

ワンランク上の「心を開く」接客術

Hearty Hospitality

コミュニケーションの鍵は「共通点」

レジを打ってお金をお預かりして、お釣りと商品を渡す。はたしてこの動作だけで「接客」と呼べるのか、いつも疑問に感じます。だったら自動販売機でもいいのではないかと。

よく、接客業をしている方から、「接客でストレスがたまる」という声を聞くことがありますが、私はこれまで30年、接客がつらいと思ったことはほとんどありませんし、むしろ、ストレス解消になるとさえ思っています。

接客とは本来、楽しくてワクワクするものなのです。それなのにそれをつらいと感じるのは、やはりどこか接客方法が間違っているのでしょう。

お客様に心から喜んでいただき、ありがとうといっていただけ、自分自身も幸せになる。そして、それに伴って売上も上がっていく。そうなっていくためには今一度、接客の意味を考え直し、ワンランク上の「極上の接客」をしていくべきでしょう。

本章では、お客様に愛されるための、もう一歩上の接客術をお話ししていきます。

初めて会った人が同じ出身地だったり、さらに同じ学校出身だったりして、急に親近感がわいた、という経験をしたことはないでしょうか？　こうしたことは心理学では「ラポールが築かれる」というのですが、**相手との間に特定の共通点が見つかることで、人は相手に対して心を開きやすくなる**ということです。

接客においても当然、相手との共通点を見つけることで親近感を持っていただけ、喜んでいただきやすくなるのですが、初対面のお客様にいきなり出身地などを聞くのも変です。飼っているペットの話や趣味の話など、業種によってはなかなか深いところまで聞けないのも実情です。かといって会話が進まなければ共通点も見つけられません。

ではどうすればいいのかというと、まずは、「今日はいいお天気ですね」「寒いですね。お風邪とか大丈夫ですか？」など、**万人に共通する話から切り出してみること**です。同じ場所にいるのですから、天気は共通です。そこから徐々に、「お天気のいい日はよくお出かけになったりするのですか？」など、会話を膨らませていって共通点を探すといいでしょう。

それでもまだ、小売店や飲食店など、なかなか深い会話に持ち込みにくい業種もあります。踏み込んだ質問を嫌がるお客様もいらっしゃることでしょう。

そんな場合は、**「お客様に共通点を見つけていただく」**ようにすることです。

どういうことかというと、ホームページやブログ、インスタグラムなどのSNS、ニュースレター、店頭看板など、店の情報を発信する媒体や場所で、オーナーやスタッフのパーソナルな情報をどんどん載せていくのです。

「スタッフ○○はジョギングが趣味で毎日5キロ走っています！」「店長の○○はちょっと太めのでっかいチワワを飼っています」「ホール係の○○は名古屋出身のA型さそり座です」などなど、なるべく細かくたくさん、自分のほうから情報を開示していくのです。

お客様はスタッフの些細な日常に興味があるものです。スタッフの情報を見たお客様がその中から共通点を見つけた時、「僕も昔、マラソンをやっていたんですよ」とか「あら、私もチワワを飼っているのよ」など、お客様のほうから話を始めてくださることも多いのです。

これを「自己開示」といいますが、情報発信からお客様との共通点を見つけ、コミュニケーションを深めていくことで、よりお客様との親密度が増していくのです。

特に近年では、インスタグラムなどSNSで店を探すお客様も増えています。設備や立地、価格で大手にかなわない私たち小さなお店は、SNSを使った自己開示によって人柄を伝えていくことが、**「未来のお客様とのコミュニケーション」**につながる懸け橋となるのです。

Hearty Hospitality

興味がなければ話にならない

せっかくお客様との共通点が見つかって会話が進んでも、そこで終わってしまっては意味がありません。その先の会話が続かないのはもちろんですが、いちばんもったいないのが、**「次に会った時にその内容を覚えていないこと」**です。

あなたにとってはたくさんのお客様の中のひとりでも、**お客様にとってはただひとりの店員さん。**あなたが覚えていないような些細なことでも、お客様は覚えていてくださったりするものです。ですから、前回話したことをあなたが覚えていないと、その時点でお客様はさみしい気持ちになり、離れていってしまうこともあるのです。

以前、私の店にいたスタッフの話ですが、あるお客様とはとても会話が弾んで盛り上がるのに、別のお客様の時はまったく会話が弾まない。話した内容もすぐに忘れてしまう。その落差が激しいスタッフがいました。

なぜそうなってしまうのかというと、好きなお客様と苦手なお客様を自分の中ではっきりと分けてしまっていたからです。特定のお客様を**「苦手」だと勝手に思い込んでいた**のです。そうするとどうなるかというと、苦手意識が先に出て、話しにくくなります。そのお客様に興味がわかないので、その先の話を聞きたいと思わなくなり、当然興味がないので、その内容もすぐに忘れてしまうという悪循環に陥ってしまっていたのです。

まずはお客様に興味を持つこと。お客様との会話を面白いと思うこと。もっと聞きたいと思うこと。そのうえで、そのお客様との会話を忘れないように、簡単にでもメモしておくことなどが重要です。

あなたが類まれな記憶力の持ち主なら話は別ですが、たくさんのお客様の相手をしていれば細かなことは忘れてしまうものです。お客様により一層喜んでいただくためにも、会話の内容などをメモする習慣をつけるといいでしょう。

しかし、メモは毎回詳細には書けないでしょうから、やはり大事なのはお客様に興味を持つこと。会話を楽しいと思うことです。

Hearty Hospitality

初対面なのに「昔からの友達」になる方法

十数年ぶりに会った旧友。長い間会っていなかったはずなのに、思い出話に花が咲き、久しぶりとは思えないほど盛り上がることがあります。毎日会っている人よりも盛り上がることもあるから不思議なものです。

なぜこのようなことが起こるのかというと、やはり、昔の思い出を共有しているからに他なりません。幼少期や多感だった時期を共に過ごした友は、空いていた時間の空白を一瞬で埋めてしまうほどの絆があるものなのです。

もしお客様とも、この旧友のように一瞬で空白を埋められればとてもいいのですが、さすがに過去の事実を変えるのは無理です。しかし、お客様にそれに近い気持ちになっていただき、昔からの知り合いのようにコミュニケーションをとる方法があります。

それは「**思い出話を共有すること**」です。

お客様と、ある程度コミュニケーションがとれるようになってきたら、思いきって幼少時代の話を聞いてみましょう。子どもの頃、どんなものが好きで、どんなことをしていたのか。どんな楽しい出来事があったのか。**そこで共通点を見つける**のです。

例えば、お客様が子どもの頃、黒い雑種の犬を飼っていたとして、もし自分もそうだったら、「偶然です！　私も子どもの頃に黒い犬を飼っていたんですよ！」などなど。そこで共通点が見つけられたら、不思議なことにそのお客様にとっての遠い思い出の中にあなたの記憶も刻まれます（もちろんあなたの思い出にも）。すると、**遠い昔から友達だったような、不思議な親近感がわいてくる**のです。

そうなれば、本当の旧友と同じように、空いていた時間の空白を一気に埋めて、より親密な人間関係へと発展していくことでしょう。

Hearty Hospitality

夢を語らえば未来に通ず

前項では、昔からの友達のような関係になる話をしましたが、それを踏まえたうえで、さらにお客様とよりよい関係を築いていくために大事なのは、過去よりも「**未来**」のことです。過去を語らうのも大事ですが、これからさらに店のファンになっていただくために、未来も共有するようにしましょう。

具体的には、**「共感できる夢を語ること」**で未来を共有することができます。

例えば自分のことであれば、「この店をもっとたくさんの方に喜んでいただける店にして、2号店を出すのが夢なんです！」「今はアルバイトですが、将来資格を取って自分の店を出すのが夢なんです」などです。お客様のことでは、「今度はぜひご家族で、娘さんのお誕生日会にご利用になってください」「もう少しウエストが細くなったら、あの憧れのお洋服を着て、素敵な海外旅行を楽しんでくださいね」など。

あなたの店に通うその先にある楽しいことや、あなたが頑張ることで実現する、ワクワクして応援したくなるようなことなどを話すのです。

宝くじは発表の日までが楽しかったりします。食事や映画も、行く前日のほうがワクワクします。しかし、遠足も飲み会も、終わったあとは急に虚しくなります。**あなたの店に来ることがゴール（終わり）になってしまわないよう、その先のワクワクを感じていただくことが大事**なのです。

Hearty Hospitality

「No」をいわせない質問力

お客様に無意識に楽しさやワクワク感を感じていただくために、もうひとつ大切な要素があります。それは、**お客様に「No」といわせないこと。**

人の脳は不思議なもので、「つらい、痛い」などのマイナスの言葉や、「いいえ、そうじゃない」などの否定的な言葉を聞いていると（あるいは口に出すと）、何となく本当に気が重くなったり否定的になったりするものです。

実際に友達と実験してみるとわかりますが、「（知らないのに）あなたは○○を知っていますか？」や、「（寒いのに）今日はわりと暖かいですね」など、相手が「いいえ」と答えるしかない質問のやり取りを何度も続けていると、相手はだんだん気分が曇ってきたり、心を開きにくくなったりします。

逆に、「Yes」**で答えられる肯定的な質問を続けていると、無意識に心が前向きになり開きやすくなっていく**のです。ですから、お客様に質問をする時には、**なるべく「Yes」**

という答えが返ってくる聞き方をすることが大事なのです。

もちろん、そこからさらに会話を弾ませようと思ったら、「今日はお仕事だったんですか？」よりも「今日はどんなお仕事をされてきたのですか？」のような、「Ｙｅｓ」だけでは答えられないような質問のしかたをする必要も出てきますが、まずは基本として、「Ｙｅｓ」と答えられる肯定的な質問を心がけるとよいでしょう。

Hearty Hospitality

芸能人に会った時のような喜び

共通点、過去、未来、前向きな気持ち。これらの心を開く秘訣を飛び越えて、最初から一気に心を開く方法もあります。それは、**あなたが芸能人になることです。**

芸能人になれば、会話をするまでもなく、会った瞬間から「キャー♪」と喜んでくださる方が増えますよね。むしろお客様のほうから「会いたい」と来てくださることもあるでしょう。そればかりか、ドキドキワクワクして幸せを感じてくださる方も多くなるはずです。いいじゃないですか、芸能人。いっそ、なりましょう、芸能人。

「えっ、いきなり何を⁉」と思われたかもしれません。「芸能人なんてそんな簡単になれないですよ」と。

ところが……、なれるのです。

何も本当に芸能人になるわけではありません。あなたもどこかの店に入った時に感じたことはないでしょうか？「まるで芸能人に会ったみたい」と。

その店のウェブサイトやＳＮＳにスタッフの写真や動画が出ていて、それを事前に何度か目にしている。**画面の向こうの人**。リアルとバーチャルの間のような人。そして店に入った時、本当にその人が目の前に現われる。「わぁ〜。ネットで見たあの人だ！」と思っていると、話しかけられたら少しドキドキして、昔から知っている人のように感じる。そう、その時点でそのお客様の心はすでに開かれているでしょう。

大事なのはやはり**「情報発信」**。先にあげた通り、経歴や実績、趣味や人柄など、あなたの「人の魅力」を発信していくことは、共通点を見つけていただくことの他に、お客様の心を一気に開き、**特別な存在として見ていただける**効果もあるのです。

特に文字よりも写真、写真よりも動画のほうが、多くの情報量＝魅力を伝えることができます。実にその情報量は、動画は文字の５０００倍ともいわれますから、極上の接客への入り口として、日々動画での情報発信をしない手はないとは思いませんか？

Hearty Hospitality

多くの店が気づいていない「もっとも大切な瞬間」

私が２０１１年に個人サロン向けの経営・販促本を出版してから、いくつかのサロンで私が書いたノウハウと同じ変化が起こっていると感じることがありました。

例えば、それまでは施術のあとは小さなテーブルとイスでお茶を飲み、いそいそとカウンターでお会計をして、そそくさと帰るのが普通だった店が、久しぶりに行ってみると、施術後ゆったりとしたソファに案内され、優雅にお茶を飲みながらスタッフとの会話を楽しんだあと、テーブルでお会計をするようになっていたのです。

極端にいえば、これまでは、**「終わったら早く帰れ」という姿勢だったのが、「終わったあとも、ゆっくり余韻を楽しんでください」という姿勢に変わった**ということです。

飲食店のイスが硬いのは回転率を上げるため、長居されないためだと聞いたことがあります。それがいいか悪いかではなく、これまでの時代は**回転率を重視することで商売が発展し、それが常識だった**ということです。広告を打てばいくらでもお客様が来てくれる時代。薄利多売でも何でも、少しでも効率を上げて利潤を追求していくことが大事でした。

しかし、あえてハッキリといいます。もうそんな時代は終わりました。

広告を打っても人の集まらない時代。これからは、回転率を上げて新しいお客様を次々とさばいていくのではなく、**いかに一人ひとりのお客様に時間をかけて満足していただき、繰り返し、繰り返し通っていただくか**が重要になっているのです。

では、なぜ回転率を下げてまで、お客様にゆっくりしていただく必要があるのでしょうか。それは、**お客様がもっとも心を開かれる瞬間は「サービスを受けた直後」**だからです。

サロンの場合、飲食店とは違い、単価も高く密室に近い状態にあるため、初めてのお客様は警戒心を持っています。警戒されている段階で、いくらおすすめをしてもなかなか次にはつながりません。「北風と太陽」の話に出てくる北風のように、より固く心を閉ざしてしまうこともあります。

お客様の心が、警戒から緊張に変わり、その後徐々にほぐれて安心にまで変わるのは、施術が終わって、「気持ちよかった」と満足されたあとなのです。

私のサロンでは、お帰りの際にその場で次回の予約を入れていただいています。9割以上の方が次の予約を入れてくださるのですが、これがもし、「終わったらすぐに帰ってください」という姿勢だったら、こうはいかないでしょう。

サービスが終わって、いちばん心が開かれている時に、ゆっくりしていただいてコミュニケーションを図る。こうすることによって安心が信頼に変わっていくのです。

例えば、あなたの店が美容室のようなサロンなら、サービス後にハーブティーを出してみてください。また、あなたの店が飲食店なら、食事のあとに食器を下げる際、無愛想にせかせかと下げるなど、「早く帰れ」ムードを出さないように気をつけてみてください。

多くのお客様は、そこで何をするでしょうか。メニューや店内ＰＯＰを、あらためてじっくりと読み始めます。それが、お客様があなたの店に興味を持ったサインなのです。

余韻を残す

Hearty Hospitality

お客様がもっとも心を開くのは、サービスの提供が終わったあとという話をしましたが、それをさらに確実なものにするために、もうひとつ注意すべきことがあります。

それは、**「余韻を残す」**ということです。

「終わりよければすべてよし」という言葉があります。

人は、物事が「突然」に終わることを本能的に嫌います。聞いていた音楽が突然ブツッと途切れたら、不快に感じないでしょうか。一方、鐘の音を聞くと心地よいと思いませんか。

それは、**人が「余韻を楽しむ」生き物**だからです。

余韻とはその名の通り、鐘をついた時に、「ゴーン……オーン……オーン」と、しばらく音が残っている様のことですが、人は生まれ持ってそれを心地よいと感じるようにできているようです。

歌もそうです。多くの歌にはエコー（リバーブ）がかかっていますが、エコーをかけることで通常よりも歌がうまく聞こえます。それは声の余韻が残ることで心地よさを感じるからなのです。もちろん、音だけでなく映像もそうです。映画のエンディングではいきなり真っ暗になるのではなく、徐々にフェードアウトして暗い画面になっていきます。これも余韻です。

ありとあらゆるところでこの余韻は使われていますが、接客においてそれを意識している人は少ないようです。「ありがとうございました」という言葉の、最後の「た」をほんの少しだけ伸ばす（伸ばしすぎはよくありません）。お釣りや商品をお渡しした時に、その手を一瞬そこにとどめて余韻を持たせてから引く。お辞儀をしたあとも、下げた頭の位置に意識を残しつつ緩やかに姿勢を戻す。

ＰＡＲＴ１の「緩・急・緩」のところでもお話ししましたが、**動作の最後を緩やかにフェードアウトしていく**ことが大事です。細かいところでは、「目線」でも表現できます。お客様から目をそらす時、目線をお客様のところに一瞬残してから、すっと目線を外します。

動作、声、表情、それらのすべてを意識して余韻を残すことで、お客様の受け取る印象はかなり変わってきます。

余韻を残した動作は、名残惜しさを生み出します。恋人同士のデートの別れ際を想像すればわかりやすいのですが、「離れたくない」と、後ろ髪を引かれるように意識をすることで、相手にもより名残惜しいという気持ちが芽生えます。

接客においても、余韻が残っていると、心地よいと感じていただけると同時に、**本能的に「ここから離れたくない」「また来たい」という印象が記憶に残る**のです。

接客に余韻を残し、お客様に名残惜しい状態で帰っていただくことで、お客様の中には店のよい記憶が刻まれ、また来ていただける確率が上がっていくのです。コンマ何秒の世界ですから、なかなか身につけるのは難しいかもしれませんが、ぜひチャレンジしてほしいと思います。

これらを踏まえつつ、次章では具体的な動作のあり方や考え方を書いていきます。いよいよ実践編です。

Hearty Hospitality

PART3

学ぶのではなく体に染み込ませる

Hearty Hospitality

動作に意識が取られれば、心が回らなくなる

あなたは車を運転しますか？　するならば、思い浮かべてみてください。

教習所で教官に教わりながら運転を習っていた時、スピードメーターを気にしながらアクセルを踏み込む強さを調整しつつ、前方の確認。歩行者はいないか、車線からはみ出していないか、信号は何色か、対向車線に右折してくる車はいないか、アクセルを離してハンドルを切る角度はこれくらいでいいか、ブレーキはどれくらい踏めばいいか、などなど、やることが多すぎてパニックになったことも多いと思います。

そんなパニック状態の中、教官の声を聞くことなんてできず、注意されればされるほど緊張してミスしやすくなったりします。

ところが運転免許を取得して数年が経った今では、あの頃のパニックがウソだったかのようにスムーズに運転できているのではないでしょうか。教官の話さえ聞けなかったのに、今では同乗者と楽しく会話を楽しみながら運転しています。会話しながらでも赤信号では停ま

れるし、曲がり角ではスムーズにカーブできます。

ここに重要な接客のヒントが隠されています。

運転に慣れていない人が会話に夢中になったら、交通事故を起こす可能性が上がります。ちょっとした不注意で大惨事につながることもあるでしょう。かといって、運転に慣れた優良ドライバーが、とことん運転に集中して周囲に気をつけているかというと、そうでもないようです。今通り過ぎた信号が何色だったか、覚えていないことのほうが多いのではないでしょうか。運転に慣れた人が、運転に意識を向けすぎると、逆に運転がぎこちなくなってしまうことがあるのです。

接客も同じで、**意識しなくても体が勝手に動くくらい練習や経験を積み、そこに慣れてしまうこと。それが大切なのです。**

動作、言葉遣い、表情。よい接客でお客様に好感を持っていただくためには、気をつけなければならないことは無数にあります。しかし、**毎回毎回そのすべてを意識していたのでは、肝心なことが抜け落ちてしまいます。そう、それはお客様への「思いやり」です。**

一所懸命お客様に気を遣うあまり、動作や言葉がぎこちなくなってしまったり、逆に会話に意識が向いているうちに、姿勢や作業が乱れてしまったりということはよくあります。そうならないように、**無意識に動けるようになるまで練習する**のです。

前述した「緩・急・緩」や「笑顔」「余韻」など、意識しなくても自然にできるようになるまで、何度も何度も繰り返し練習し、**癖にしてしまう**ことが大事です。照れると無意識に鼻を触ったりしてしまう、あれと一緒です。意識して行動するのではなく、癖にしてしまうのです。

そうすれば、お客様への気遣いや会話に集中することができ、自然に感じのよい印象を持っていただけるようになります。姿勢、しぐさ、表情など、基本的なことは、**日常から無意識にできるよう、自分に染み込ませるようにしていきましょう**。

「そこまでする必要はないでしょう」と思う方もいるかもしれませんが、そのほんのちょっとした違いの積み重ねが、後に大きな差を生むことになるのです。

Hearty Hospitality

接客は「踊り」だと思え

ではここから具体的な方法について書いていきますが、大事なのはあくまで、「心を自由に動かせるように、体に染み込ませる」ということです。お客様に心を込めて接するために、体は無意識に動かせるまでにしておく、ということを意識しながら読み進めてください。

動作や表情を「癖」にしてしまえといっても、完璧にやろうと思ったらかなり難しいものです。姿勢・動き・表情、すべてのバランスが整っていないと、ぎこちなくなってしまいます。本当に素晴らしい接客のできる人は、見ているだけで気持ちがいいものです。立ち居振る舞いが、なぜか無性に「美しい」のです。

この「美しさ」は、同じことを同じように真似たつもりでも、なかなか同じようには見えません。どこが違うのでしょうか？　それが**「バランス」**なのです。

例えば、お辞儀をした時、頭や腰の角度ばかりを気にしがちで、実はその美しさを決めるのは指の位置だったり、つま先の角度だったりします。それらがアンバランスであれば、それは「ただのお辞儀」です。全体のバランスが整って初めて、「感動的なお辞儀」になります。

では具体的に、どうすればバランスが保たれるのでしょうか。私は接客の動作を**「踊り」**と同じように考えます。ヒップホップのような激しい踊りは、見るからにかなりの筋肉を使いそうですが、実は、日舞のような静かで優雅な踊りでも、頭のてっぺんからつま先まで、ピンと筋肉を張りつめています。

筋肉には体を動かすためのものと、体をじっとそこから動かさないための、**「止める筋肉」**があります。そこで、「動かす」と「止める」ための筋肉をしっかりと意識し、**動かすことよりも止めることに意識を集中させることが大事です。**

人は生まれてから今日まで、日常の生活の中で染みついた体の癖がありますから、まずはそれを客観的に見ることから始めましょう。**鏡や動画の撮れるカメラを使って、自分が今どんな姿勢なのかを客観的に見られるようにします。**「自分ではこう動いたつもりだったけど、客観的に見てみたらこんな動きをしていた」、それがわかるだけでも大きな進展です。

それを何度も繰り返して、一連の動きを、振りつけのように体に覚えさせるのです。ダンサーが踊りを覚えるようなイメージです。「右手がここにいった時には左手はこう」「座る時、足の角度はこうで手はこう」などと全体の動きを踊りのようにポーズとして体に染み込ませます。本来これは、マナー教室などで教わらないとなかなか身につかないものですが、大事なのは、正解か不正解かではありません。あなたが自分で客観的にその姿勢を見て、美しいと思うかどうかです。

アスリート並みに「接客筋」を鍛えよ

体の動きを司っているもの、それは「筋肉」です。筋肉が衰えては美しい動きはできません。動きだけではなく、止まっている姿勢もそうです。

猫背だったり、お腹がポコッと出ていたり、あごが前に出ていたり。

ダラダラ歩いたり、かがんだ時にフラフラしたり、表情が暗かったり。

そういった「見ていてみっともない」姿勢や動きをする人は、筋力不足の場合が多いのです。「動かす筋肉」はもとより、「止める筋肉」も未発達なため、全体にだらけた印象を与えてしまうのです。**本当の美しさとはピタッと止まること**です。

では、筋肉をつけるにはどうすればよいのでしょう。残念ながらこれは鍛えるしかありません。学生時代に体育の授業でやった腹筋や腕立て伏せのような鍛練です。筋肉は負荷を与えることで成長していきます。使わなければ日に日に衰えていきます。まずは美しい立ち姿で5分間、じっとしたまま動かずにいられること。慣れていない人は翌日あるいは翌々日、背中や足の付け根などが筋肉痛になることでしょう。つまり、その筋肉が衰えているということです。その姿勢に必要な筋肉をしっかりと鍛えていきましょう。

慣れるまでは楽ではないと思います。自分がアスリートになったような気持ちで、楽しみながら接客に必要な「接客筋」トレーニングをしていくとよいでしょう。

最後にもう一度繰り返しますが、「動かす筋肉よりも止める筋肉」に集中すること。それだけであなたの接客はひと回りもふた回りも美しいものになっていきます。片足で立ってもプルプル震えないくらい、止める筋肉をしっかりと鍛えましょう。

Hearty Hospitality

鏡チェックで売上アップ!?

「鏡で姿勢をチェックしましょう」「鏡で表情をチェックしましょう」

これは接客のトレーニングでよく聞く言葉です。とても重要なことだと思います。

ただ、冒頭で書いたように、本書は接遇マナーの本ではありませんので、**鏡でチェックす**

ることの、もうひとつの大切で重要な意味を書きたいと思います。

自分が今、どんな表情をしているか？　自分が今、どんな姿勢をしているか？　それらを知るということにどういう意味があるのでしょう？

あなたの店に来てあなたの店の商品を買い、あなたの店の売上に貢献する。あなたやスタッフの給料をつくり出してくれ、温かい食事をしたり生活していくことができる。それらのもととなっているのは誰でしょう？

紛れもなくお客様です。

接客とは、お客様をもてなすことです。あなたの給料をつくり出し、幸せにしてくださるお客様を、おもてなしするのが接客です。

そしてその接客をするあなたを見ているのは、お客様です。つまり、**自分を鏡で見るということは、「お客様の目線になる」ということ**にもなります。「お客様目線」「顧客視点」、これは、最近よくいわれている言葉です。「お客様に喜んでいただくために」「お客様の立場になって」考えるための言葉です。

しかし、はたしてどれだけの店が、本当の意味を理解して実践できているでしょうか？

「お客様目線」というのはその名の通り、**「お客様の目線で店を見る」**ということです。お客様の目に何がどのように映っているのか？　お客様がこれを見てどう感じているだろうか？　店では当然、お客様よりも店員のほうがそこにいる時間が長くなります。毎日毎日、同じ景色を目にしていると、だんだんそれが当たり前の風景になっていきます。するといつの間にか、ちょっと汚れていても気づかなかったり、気づいても気にならなくなったりします。スピーカーの音量、食器の欠け、店内の温度、におい、ほこり。見ても触れても不快に感じなくなったり、「そのうちにやろう」という考えになってしまったり。

徐々に徐々に、お客様の目線を離れて自分の目線になっていくのです。実際に**自分の目に見えるものでさえこうなのですから、自分では見ることのできない自分自身の姿はどうなってしまうのでしょう？**

お客様に自分はどう映っているのか？　知らず知らずに無愛想な顔になっていないか？　目が疲れていないか？　姿勢や体型がだらしなくなっていないか？　など、**「お客様が自分の姿を見たらどう思うのだろう？」**、こういった目線で物事を考えること、その癖をつけておくこと、それが大事なのです。

鏡チェックは単なる身だしなみや表情のチェックではありません。鏡を見ている自分の目はお客様の目なのです。鏡を見ることで自分がお客様になってみること。そして、鏡が店内にあるなら、そのままの目線で、鏡越しに店全体も見渡してみましょう。ふだんは気づかない意外な盲点が、きっとそこに映るはずです。

さまざまなものを反転して映し出してくれる鏡。それはあなたや店を客観的に映し出してくれる魔法の窓でもあるのです。

Hearty Hospitality

いかなる時も笑顔は見られている

鏡でのチェックを常に行ない、しっかりとした筋肉が出来上がってくると、しだいに鏡を見なくても自分の姿を客観的に見ることができるようになります。自分の姿勢や表情が、頭の中で鮮明に見えるようになってきます。それを意識することで、どんな作業をしている時でも常に美しい姿勢や表情を保てるようになります。

しかし、ふとした時に油断してしまうのもまた人間です。

接客という仕事で、**直接お客様と接している時間だけが接客**だと思っている人も多いようです。お問い合わせに答えたり、お会計の時やお見送りをしたりする時、その瞬間だけは最高の笑顔で応対する。しかし、本当にそれでよいのでしょうか？

今一度、先ほどお話ししたお客様目線に立ち返ってほしいのです。自分がレストランで食事をしている時、料理を持って来た店員さんはとても感じのよい人だったのに、食べている最中にふと横を見たら……、その店員さんが他のテーブルでとても不機嫌そうに片づけをしていたり、あるいは他の店員さんとペチャクチャしゃべっていたらどうでしょう。

おそらく、**最初の印象がよかっただけに余計に悪いイメージを持ってしまう**ことでしょう。お客様は商品を買いにだけ店に来ているわけではありません。その商品だけにお金を支払っているわけではありません。

例えばレストランなら、店に入って席に着き、注文して料理が運ばれる。それを談笑しながら食べ終えて、席を立つ。カウンターでお会計をしてドアの外に出る。ここまでのすべての過程に対してお金を支払っているのです。

音楽も、香りも、雰囲気も、店の広さも、店員とのコミュニケーションも、すべてがそこに含まれます。

その昔、「スマイル0円」という言葉がはやりましたが、私はそうではないと思います。**笑顔も価格の中に含まれているのです。**店員の笑顔やしぐさ、気遣い。すべてが商品の価格に含まれていると考えてみてください。すると、売る側も買う側も、考え方が大きく変わるのではないでしょうか？

同じ商品が同じ価格で売られていた場合、接客のよい店と悪い店のどちらを選ぶでしょう。私は仕事が終わるのが遅いため、帰りがけにコンビニで買い物をすることが多いのですが、いつも同じコンビニです。職場から自宅まで車で約50分（本書初版当時）。その間に20軒ほどのコンビニがあるにもかかわらず、立ち寄る店は決まっているのです。理由は、そのコンビニがいちばん接客がよいからです。

私は、**接客が悪かった店には二度と行きません。これだけたくさんの選択肢があるのですから、商品だけではなく、接客で行く店を判断している人も多い**ことでしょう。まして、今はモノが売れない時代。今までと同じように、商品と価格だけではどんどん売れなくなっていくのです。

人件費や教育費を限界まで削り、価格勝負の商品開発にますます力を注いでいる企業もあるようですが、**「お客様をいかに引き込んで買わせるか」ではなく、「お客様にいかに喜んで**

いただいて、もう一度買っていただくか」という視点、本当の意味でのお客様視点に切り替えなければ、これからの時代はさらに厳しくなっていくと思います。その**鍵が「接客」にあるのです。**

あなたの笑顔は売り物です。お客様と接している時間だけでなく、店内にお客様がいらっしゃる間は常に、商品であるあなたの笑顔は見られています。次回買うか買わないかは、その時に判断されるのです。お客様と直接接している瞬間だけでなく、**いかなる時も常に笑顔でいること**が大事なのです。

Hearty Hospitality

見た目がすべて……ではない

笑顔が大切だという裏付けのひとつとして、『人は見た目が9割』（新潮新書）という竹内一郎氏のベストセラー書籍があります。

ただ、タイトルばかりが独り歩きして勘違いされている方も多いので気をつけなければならないのが、ここでいう見た目とは「ノンバーバル・コミュニケーション（言葉以外の伝達）」のことを指しているということ。つまり**「言葉以外が9割」**ということになります。

これは「メラビアンの法則」と呼ばれるもので、「人と人とのコミュニケーションにおいて、言語情報が7％、聴覚情報が38％、視覚情報が55％のウエイトを占める」というもの。言語情報が7％しかないので、聴覚情報と視覚情報を合わせると9割ということなのです。

さて、大事なことに気づいたでしょうか？　そう、この9割の〝見た目〟の中には、38％の聴覚情報も含まれているということ。

つまり、いくら笑顔や動作が完璧だったとしても、**耳に与える情報が不適切であればお客様の心はつかめない**ことになります。

- 聞こえないほど小さな声でボソボソ話す
- とても早口でせかせか話す
- 不機嫌そうに語尾を下げる
- 怒っているような低いトーン
- 必要以上に大きく耳障りな声　など

たとえ悪気はなかったとしても、このような話し方をしてしまうとお客様に悪い印象を与えます。**とびっきりの笑顔なのに声のトーンが低いだけで、表情まで怒って見えるから不思議**です。マスクをして接客することが多い現代ならなおさらでしょう。

一度実験してみてください。テレビや映画のとても怖いシーンで、音を消して、明るくひょうきんな音楽を流してみる。あるいは幸せな温かい家庭のシーンで、おどろおどろしい音楽を流してみる。それだけでまったく逆の印象になるはずです。音というのはそれだけ大きな影響を与えるのです。38%も占めているのですから。

とはいえ、自分自身の発している声というのは、お客様にどう聞こえているのかわかりにくいという点も、声の持つ性質の厄介なところ。表情や姿勢なら鏡でチェックできますが、声は録音してみないと客観的に聞けないのですから、しっかりと身につけるためには録音や録画してみるのがよいでしょう。

メラビアンの法則では38%といわれていますが、接客業においてはもっと高い比率を占めていると思っています。客観的に聞いて心地よい発声のコツをつかんだら、それを自然に出せるようになるまで、何度も反復して体に染み込ませていきましょう。

別の自分が「降りてくる」

「そんなことをいわれても、常に笑顔でいるのは難しい」「笑顔ではいられるけど、常に意識を集中させておくのは厳しい」「いつもいつも声のトーンや話し方に気を配るのは大変」、そう思う人もいることでしょう。

人には、得意なことと不得意なことがあります。

笑顔の苦手な人もいることでしょう。会話をするのが苦手な人や、いくら練習しても接客自体が苦手な人もたくさんいることと思います。では、そのような人は接客業には向かないのでしょうか?

答えは「ノー」です。

何を隠そう、私は子どもの頃から大の口下手です。小学生の頃、友達の家に遊びに行っても友達の母親と会話をすることができませんでした。成人してからも、とにかく人見知りで初対面の人とはまず話ができません。話そう話そうと思っても言葉がまったく思い浮かばず、気まずい沈黙が流れます。今も、交流会などに行っても、名刺交換をする勇気が出ない、何とか名刺は交換しても、その名刺をもとにどうやって話を広げていいのかわからない。そんな毎日なのです。

ところが、**そんな私でも、制服に着替えて店に立った瞬間、不思議なほどお客様とコミュニケーションがとれるようになります。**ふだんは考えても出てこないような言葉がどんどんわいてくるのです。特にそのために訓練をしたというわけでもなく、そうならなければと気合いを入れているわけでもありません。火事場の馬鹿力と似ているかもしれません。店では自分の実力以上の力が発揮できます。

これは接客だけにとどまらず、講演やコンサルティングで話をさせていただく時やコラムなどを書く時もそうなのです。実をいうと、この文章を書いている今も、見えない力が実力以上の内容を書かせているとさえ感じます。

この特殊な能力は、自分だけなのかと思っていたら、実はそうでもないようです。これまでお会いした著名な方や大きな結果を出している方、トップセールスの方など、多くの方が、**「なぜかそこに行くと実力以上の力が発揮できる」**とおっしゃるのです。**「まるで別の自分が**

降りてきているようだ」とおっしゃる方もいらっしゃいます。

この現象は脳科学である程度の説明がつきます。人間はふだん、脳全体の3％ほどしか実力を発揮していないといいます。その能力の限界を決めているのは実は自分自身で、**「できない」と思い込むことで、残り97％の潜在能力にふたをしてしまっているのです**。自己暗示や強い意志などにより「できる」と思い込むことによってそのふたが外れ、もともと持っている真の実力である**「潜在能力」**が発揮されるのです。

つまり、「自分は接客のプロだ」「笑顔や会話が得意だ」と思い込むことによって、苦手意識がなくなり、本来持っている能力がわいてくるということです。

接客が苦手だとか向いていないと思っている方も心配する必要はありません。**あなたの中にはすでに、お客様をとりこにするほどの接客能力が十分に備わっているのです**。あとはそれを解放できるかどうかです。

ここまで書いても、まだしっくりこない方もいらっしゃるでしょう。潜在意識を解き放つにはそれなりの訓練も必要です。なかなか万人が簡単にできることではないと思います。

そこで、接客が苦手な方や接客で思い悩んでいる方のために、実力以上のよりよい接客ができるようになる、私がこれまでやってきたもっとも簡単に接客上手になれる方法をご紹介します。

それは**「他人になること」**です。

他人を演じるのです。

演じるとはどういうことでしょうか。

役者という職業では、「役を演じようとする人」は二流三流といわれます。本当にうまい役者は、**その役に成りきる**といいます。役の人物が**乗り移る**ともいえるかもしれません。

つまりあなたも、店に立ったら、**一流の接客をするプロフェッショナルの店員に成りきればいい**のです。

人格も癖も姿勢も話し方も性格も、「自分ではない誰か」だと思い込めばいいのです。あくまでイメージの問題なので、最初はなかなかつかみにくいと思いますが、これができるようになればかなり楽になってきます。

あなたがプライベートでどんなにつらいことがあって落ち込んでいても、店に立っているのは別の人間。つらいことなど何もありません。明るくハキハキと最高の笑顔でお客様と接することができます。

あなたが理想とする店員像をそこにつくりあげるのです。すると、お客様はそれがあなたなのだと思い込みます。ふだんはネガティブで傷つきやすく、ちょっと怠け者のあなた。しかし、店で接客しているあなたはポジティブで明るく、皆を楽しくさせる最高の店員。そこに、「あなたではないもうひとりのあなた」が出来上がるのです。そのもうひとりのあなたは、お客様の意識と共にどんどん成長し、ますます魅力的になっていくことでしょう。

今の時代は「多様性や個を大切にする時代」といわれています。そんな時代に他人になりきるのはどうなのかと思う方もいるかもしれませんが、こう考えてみてはいかがでしょう？**「あなたが接客の場で着る制服は、あなたが変身してパワーアップするためのヒーロースーツ」**。ふだん心の中に閉じ込めている、もうひとりの別のあなたが最大限の力を発揮するためのアイテムなのだと。

店に立っているあなたは、あなたであってあなたではないのですから、別に恥ずかしがることはありません。思う存分、笑顔になればいい。思いきりバカ話をしてお客様を笑わせればいい。体力の限界までクタクタになって働けばいい。そこからあなたの「プロフェッショナル」な仕事が始まるのです。

PART4

Hearty Hospitality

テクニックはいらない

Hearty Hospitality

値段も聞かずに買っていくお客様

私が講演やコンサルティングなどで経営指導を行なう際、聴講者の方やクライアントの方にかならず聞かれることがあります。「売上を上げる、とっておきの秘策はないですか?」と。

残念ながら、その答えは「Ｎｏ」です。

実際には、経営を安定させたり、販売数を上げたり、顧客を増やしたりするテクニックはいくらでもあります。人をひきつける言葉はこうだとか、店頭ＰＯＰの文字の大きさや配色、購入につなげるダメ押しのひと言など、書店に置かれている経営書をパラパラとめくるだけでも、それらはごまんとあることでしょう。

ただし、それらのテクニックを使って本当の意味で長い期間うまくいっている店は、実はほんの一部です。私の前著も、「売上が上がった」「お客様が増えた」という多くの喜びの声をいただく中、「値上げをしたらお客様が来なくなってしまう」というネガティブな声もありました。当然です。値上げだけをしてもお客様は離れていってしまいます。

ここにひとつの間違いがあります。**「テクニックを使って売上を上げるのではない」**ということです。

お客様に喜んでいただくアイデアを形にして、それがしっかりとお客様に伝わり、**多くのお客様に喜んでいただいた結果として売上は上がる**のです。無意味に値上げをするのではなく、より価値のある良質な商品を提供し、**今まで以上にお客様がそこに価値を見出すからこそ、これまでよりも高い料金を支払ってくださるのです。**売上を上げるためにどんなテクニックを使おうかと考えるのではなく、「どんな方法でお客様に今まで以上に喜んでいただこうか」と考えるのが正解なのです。

私の店で実際に起こった興味深い例を紹介します。

当店では新商品やキャンペーンなどのお知らせをする際、お客様への強引な売り込みにならないよう、主にPOPを活用しています。おすすめ商品のお知らせを大きめのPOPにして、店内に貼り出すのです。もちろん、「どういう書き方をすれば、お客様によさが最大限に伝わるか」を考え、心のこもったPOPを一所懸命につくります。文字はしっかりと目立っているか？　キャッチコピーは心に響くか？　配色は大丈夫か？　内容はわかりやすいか？　毎回毎回、お客様に喜んでいただくために手づくりで作成します。

そんな中、少人数制の小さなサロンにかかわらず、最初のひと月で50万円もの売上につながった商品がありました。購入されたお客様からも喜んでいただけ、ひと安心していたのですが、しばらくしてとんでもないことに気づきました。なんと、**そのPOPには商品の金額がどこにも書いてなかった**のです。あきらかに書き忘れです。

説明書きはあっても金額の書いていないPOP。高級なお寿司屋さんでも最近は金額を明示する店が増えているのに、お寿司一貫よりも数倍も高い商品です。それなのに当店のお客様の多くは、驚くことに値段も知らずに購入してくださったのです。

例えば、初めて利用するネットショップで魅力的な商品を見つけ、とてもよさそうなことが書き連ねてあり、他のお客様の声もたくさん掲載されているとします。しかし、価格が書いてない。これではたして、あなたは購入されるでしょうか？　おそらくほとんどの方が購入しないでしょう。

お客様に購入を促すうえで商品の値段が書かれていないのは、あきらかにマイナス要素です。では、そんなミスをしながら、なぜこの商品はそれほどまでに売れたのでしょうか。

それは、決してテクニックで売れたのではありませんでした。

その答えは、**「あなたのすすめる商品なら間違いないわね」**というお客様の気持ち。つまり、店員とお客様との信頼関係にあります。

当店は繰り返し通ってくださるお客様がとても多く、新規客のリピート率はほぼ100%、ほとんどの方が長く通ってくださる常連様です。その長い間に築き上げた信頼関係があるからこそ、テクニックなど関係なく商品を購入してくださるのです。

それではここから、お客様とのより深い信頼関係を築き上げるうえでの大切なことをお話ししていきます。

Hearty Hospitality

基礎さえできていれば、あとは心の問題

当店には「接客用語」というものが存在しません。各スタッフが自分自身の言葉でお客様と話します。「ありがとうございました」でも「ありがとうございます」でも、「いらっしゃいませ」でも「こんにちは」でも、どちらでもいいのです。スタッフ自身がお客様のお顔を見て、かけたい言葉を選びます。**自分で選んだ言葉には魂が宿ります**。大事なのは「いわさ

れた言葉」ではなく、「自分の言葉」だということです。

初めてのお客様の場合、まずは自分との共通点探しから始まります。しかし、いきなり出身地や趣味などをお聞きするのも失礼なので、天気などの話題から入ることは、PART2に書いた通りです。**信頼関係を築く第一歩はお客様との距離を縮めて、心を開いていただくこと。**

心も開かれていないのに、いきなり高額のコースや商品をすすめようとしても、お客様は不審に思われるだけです。初対面の異性から、いきなり「結婚してください」といわれるようなものです。しかも、ひとたび抱いてしまった不信感や警戒心はなかなか消えることはありません。初対面でいきなり告白して変な人だと思われたら、その後どんなによいところを見せようとしても空回りの悪循環です。ましてや店の場合、お客様はお金を支払われるのです。挽回する前にお客様は離れていってしまうことでしょう。

続いて信頼関係を深めるために大切なのは、**「お客様の話をしっかりと聴くこと」**。サロンの場合には、多くの店で最初にカウンセリングがあるでしょうから、その時にお客様のお悩みやご希望をうかがうことができます。飲食店の場合でしたら、ご注文をうかがうのがそれに当たるでしょう。

しかし、はたしてどれだけの店がカウンセリングやご注文をうかがう際に、お客様の話を本当の意味で聴けているでしょうか？　サロンの場合でいえば、お客様のお悩みが肌荒れだったとして、「では、美肌になるケアをしてまいりましょう」というのは、お客様の話を聴いたとはいえません。飲食店の場合なら、「ご注文はハンバーグステーキですね」では、あまりにもったいない接客です。

肌荒れだとしたら、その原因は何なのか？　それでどのように悩んでいるのか？　これからどうなりたいのか？　それ以外の不安や不明な点はないか？　を聞くのです。

大事なことをいいます。実は、**肌荒れが悩みで来られたお客様も、それ以外の本当の悩みがある**ことがよくあるのです。そしてその悩みに本人も気づいていない場合がほとんどなのです。本当の意味での「話を聴く」とは、お客様の**本当に望んでいるものをしっかりと見つける**ことなのです。

飲食店の場合もそうです。お客様が本当に食べたいのは、実はハンバーグステーキではないかもしれません。「もしメニューでわからないことや、細かなご希望などがございましたら、おっしゃってください」。このようにいうことで、そのお客様が本当に食べたいものを一緒に探すことができるかもしれません。

あなたがもしも、美肌の施術やハンバーグステーキそのものが店の商品だと思っているなら、事前に長い時間をかけてカウンセリングすることや注文を細かくうかがうことはまったくの無駄にしか思えないことでしょう。しかし、リピート率9割以上を生み出す秘密は、実はここにこそあるのです。**カウンセリング、すなわちお客様のお悩みや心の底で望んでいることをしっかりとうかがうことこそが、本当の意味での接客=商品なのです。**

ちなみに、私は先に食券を買うタイプの店があまり好きではありません。効率化を図り、よりよいサービスを行なうために導入しているところも多いのでしょうが、コミュニケーションが不足するばかりか、食券の券売機に気づかずに直接注文してきたお客様に対して、「あちらで食券を買ってください！」などと、冷たくあしらってしまうようなことがあれば本末転倒です。ここで学ぶべきことは、「何のためにそのサービスを行なっているのか」を見失わないことが大切だということです。

言葉遣い、動作、笑顔、そして**「何のために」**。これが接客の基礎です。この基礎さえしっかりと備わっていれば、あと大事なのは「心」です。お客様に対する思いやりの心。形にこだわるのではなく、お客様の気持ちを深く深く理解するように努めましょう。

スカスカの会話術はすぐに見抜かれる

Hearty Hospitality

カウンセリングをしている時や注文をおうかがいする時に、どんなに思いやりをもって接しても、陥りがちなことがあります。それは、お客様の肌のお悩みに対して瞬時に解決策を答えられなかったり、お客様の望む味のメニューを提案できなかったりすること。そう、**知識不足が原因で起こるミス**です。

接客業はプロなのですから、自店の商品やメニュー、そしてそれに関連する知識は誰よりも持っていなければなりません。

全部を説明する必要はありません。難しいことを隅から隅まで説明されてもお客様はかえって迷惑でしょう。しかし、それを説明できる知識は絶対に持っておかなくてはなりません。なぜなら、それが自信となって現われるからです。

マニュアルを丸暗記した程度の知識を並べただけでは、お客様にもすぐに見抜かれてしまいますし、何の説得力もありません。

当店ではスタッフの研修の際、教えたこと以外にも、インターネットや本などでそのメニューや商品に対して、**自分自身で調べてまとめてくる**よう課題を出しています。そして、その商品やメニューをスタッフ自身にかならず体感させます。

そう、教わるだけでなく、「自分で」調べて体感することが大事なのです。それが、言葉では表わせない自信や説得力となってお客様に伝わります。

ここで、先ほどの「値段も書いていないのに売れた商品」に話を戻しますが、当然、その商品も徹底的にスタッフ全員で試しました。**試している段階からブログやニュースレターなどでそれを告知**し、「試してみて納得できなければ販売しません」と公言していたのです。

自分たちが試している段階からお伝えし、納得できなければ販売しないという覚悟、それをリアルタイムで見守るお客様。これほど説得力のある告知はないのではないでしょうか。

自分でしっかりとその商品について調べ、知識を頭に入れ、徹底的に自分でも使ってみて、その商品を使用する人の立場に立つこと。すなわち「お客様の目線」にしっかりと立つことが大切なのです。

私は接客のことを、以前はよく恋愛にたとえていましたが、近年は少し変わってきました。

お客様は恋人ではなく、兄弟なのか、恋人のご両親なのか、はたまた親友なのか。いずれにしても心から大切な人だと思って接することが大事です。そして同時に、そうしたお客様から**大切だと思っていただける**ことも、とても大事だと思っています。つまり、今でいう「**推し**」というものでしょうか。

統計によると、推しがいる人の割合は全体で約6割（13歳以上の男女を対象に調査。LINEリサーチ。２０２３年）、推しに費やす金額は月平均１万６０００円（総合保険代理店「R&C」。２０２３年）、アイドル推しの人になると月に10万円以上使う人が約50%もいるとのことです（「インディーズアイドル研究所」２０２１年）。

ある意味、推しとは、「一方的に尽くす愛」「与える愛」なわけですが、そこまでしてこれほど多くの方が推し活をする理由は、**推し活そのものが人生を豊かにし、身体的・精神的な疲れを癒し、落ち込んでも乗り越えられたり、ストレスを軽減できたりする**ものだからだそうです。

どうせなら、すぐに見抜かれるようなスカスカの会話術ではなく、確かな知識と経験で心からお客様の人生を豊かにすることができる「推される存在」になりたいものですね。

あなたやスタッフが「愛され、推される」魅力的な人になれるよう、常に自分を磨いて心

を込めてお客様と接していきましょう。

大丈夫です。私のように実際の恋愛は苦手でも、接客の世界ではうまくいきます。相手がひとりしか選べない本物の恋愛よりも、接客のほうが簡単かもしれません。

Hearty Hospitality

街角でよく見かける「接客の落とし穴」

街に出かけると、よく呼び込みの誘いを受けます。居酒屋や飲食店などが「サービスしますよ」と熱心に声をかけてきますが、私の経験上、この呼び込みが熱心な店ほどサービスが悪く、がっかりすることが多くあります。6人組なのに5人しか座れない個室に案内されたり、内装が汚く生臭いにおいがしたり、店員が無愛想で雰囲気が悪かったり。

すべての店がそうだとはいいませんが、**よい店ほど呼び込みをしなくても常に常連の方で店が埋まっていたりするもの**です。

こうしたことに気づかずに、改善すべきところを改善もしないで無駄な人件費をかけて集客ばかりに意識を向けているから、いつまで経っても顧客が定着せず、悪循環の無限ループに陥ってしまうのです。呼び込みに使っている店員を店内の清掃にあてたり、店内のお客様の動向に常に気を配り、既存客の満足度を上げることに注力する役割にあてたほうが、よほど売上に貢献するでしょう。

今は、チラシや広告の反応率が下がり、**チラシを打ってもなかなか集客できない時代**です。一所懸命に呼び込みをして新規のお客様ばかりに目を向けるよりも、今いるお客様の満足度を上げて再度来店していただくほうが、はるかにコストも安く、結果として店の繁盛や売上アップにつながるのです。

サロンを経営する方から、このようなお悩みの相談をよく受けます。

「新規の方が来店して施術し、数回コースの成約にはつながるのですが、そのあとが続きません」

そういった方のお話を詳しく聞いてみると、皆さん同じような思考を持っていることに気づきます。

サロンでは、チケットやコース制だと、都度払いではなく、料金は最初にまとめて支払われます。それは前受金といって、本当は施術をするたびにその金額を等分したものが売上となっていくのですが、最初にお金が入るものですから、大きな錯覚に陥ってしまいます。

その錯覚とは、「最初に成約した時が売上」というもの。そうなると、残りの回数は現金が動かないので、「2回目以降は売上ゼロ」と無意識に思ってしまうわけです。最初は売上になるけれど2回目以降は売上にならない。頭ではそうではないと理解していても、無意識にそう思ってしまう。すると自然に、2回目以降の接客がぞんざいになってしまうのです。

極端にいえば、**同じ日の同じ時間に新規とリピーター、ふたりのお客様の予約が重なってしまい、どちらかを断らなければならなくなった場合、無意識に新規客を優先してしまうの**です。チケット消化のリピーターは現金にならない、でも新規のお客様ならその場の売上になる、と思ってしまうのです。

こうして文章にして読むと冗談のようなお話だと思うかもしれませんが、実際にこう思っているサロンは多いのです。では、こんな場合はどうでしょう?

「飲食店で席が埋まってきて、ふたり席のテーブルがひとつしか空いていない。そんな時、1名の常連客と2名の新規客がほぼ同時に来店した」。地域性もあるかもしれませんが、多くの店では「2名の新規客」を優先してしまうのではないでしょうか。私は決してこれが悪いことだというつもりはありません。その店の自由です。

しかし、冷静になって考えてみてください。サロンの場合、もしかしたらその新規客は継続的な成約にまで結びつかないかもしれない。結びつくかもしれませんが、実際は、**「一度でもチケットを購入されたリピーターの方」のほうが、まだ購入したことのない方よりも、次回購入の確率はかなり高い**のです。

飲食店の場合も同じです。その場の売上は2倍になるかもしれませんが、その新規客は、もしかしたら今日の一度しか店を利用しない方かもしれません。そして、もしかしたら、今後何十年にもわたって**何百回も通ってくれるかもしれない常連客を、不機嫌にさせてしまい、失ってしまう**ことにつながるかもしれないのです。

「そんな話は大げさだ」と思うかもしれませんが、ここにあげたのは実際にあった話です。ほんの些細な目先の利益だけを考えた行動を長年にわたって積み重ねた結果が、今の店の状態になるのです。

「私の店は、一見さんを断ってでも常連客を優先する！」

そう堂々といえるオーナーの店ほど、永く多くのお客様に愛され、繁盛しているのは事実です。

大事なことなのでもう一度いいます。常連様はすでに何度もあなたの店を利用してくださっている方。呼び込みで来られる方や新規客は、まだあなたの店を利用したことのない方。

今後、再来店につながる確率は、明らかに常連様のほうが高いのです。

そして、再来店につながるコストも、常連様のほうが安くすみます。考えてみてください。まだ一度しか店を利用したことのない方に2回目に来ていただくのと、すでに100回来てくださっている方に101回目に来ていただくのでは、どちらがたやすいでしょうか。

しかし、多くの経営者はここで誤解してしまいます。

「常連様はもう、うちの店のよさを知っているから何度も来ているんだ。何もしなくてもまた来てくださるよ」と。でも、そこでもう一度考えてみてほしいのですが、1回しか来たことのない方と100回以上来られているお客様、失ったら恐いのはどちらでしょう?

ほんの些細なことでもぞんざいな態度は、お客様には敏感に伝わります。**それほど意識していなかったかすかな対応の差が、あなたの店の重要なお客様を少しずつ減らしていってしまっている**かもしれません。

私の店はリピート率ほぼ100%。痩せたら終了という痩身エステの店において、すでに痩せているのに15年以上もずっと通い続けてくださっているお客様がとても多くいらっしゃいます。これは業界では珍しい現象です。そんな常識はずれの成果を上げている私のサロンが常に心がけていることはただひとつ。

「1回目よりも2回目、2回目よりも3回目の来店が、より喜ばれるように」です。

料金受取人払郵便

神田局
承認
2741

差出有効期間
2026年２月28
日まで

郵便はがき

１０１-８７９６

５１１

（受取人）
東京都千代田区
神田神保町１－41

同文舘出版株式会社
愛読者係行

毎度ご愛読をいただき厚く御礼申し上げます。お客様より収集させていただいた個人情報は、出版企画の参考にさせていただきます。厳重に管理し、お客様の承諾を得た範囲を超えて使用いたしません。メールにて新刊案内ご希望の方は、Ｅメールをご記入のうえ、「メール配信希望」の「有」に○印を付けて下さい。

図書目録希望	有	無	メール配信希望	有	無

フリガナ お名前		性　別 男・女	年　齢 才
ご住所	〒 TEL　　（　　）　　Ｅメール		
ご職業	1.会社員　2.団体職員　3.公務員　4.自営　5.自由業　6.教師　7.学生　8.主婦　9.その他（　　）		
勤務先分類	1.建設　2.製造　3.小売　4.銀行・各種金融　5.証券　6.保険　7.不動産　8.運輸・倉庫　9.情報・通信　10.サービス　11.官公庁　12.農林水産　13.その他（　　）		
職　種	1.労務　2.人事　3.庶務　4.秘書　5.経理　6.調査　7.企画　8.技術　9.生産管理　10.製造　11.宣伝　12.営業販売　13.その他（　　）		

愛読者カード

書名

◆ お買上げいただいた日　　　年　　月　　日頃

◆ お買上げいただいた書店名　（　　　　　　　　）

◆ よく読まれる新聞・雑誌　（　　　　　　　　）

◆ 本書をなにでお知りになりましたか。

1．新聞・雑誌の広告・書評で　（紙・誌名　　　　　　　）

2．書店で見て　3．会社・学校のテキスト　4．人のすすめで

5．図書目録を見て　6．その他（　　　　　　　）

◆ 本書に対するご意見

◆ ご感想

●内容　良い　普通　不満　その他（　　　　）

●価格　安い　普通　高い　その他（　　　　）

●装丁　良い　普通　悪い　その他（　　　　）

◆ どんなテーマの出版をご希望ですか

<書籍のご注文について>

直接小社にご注文の方はお電話にてお申し込みください。宅急便の代金着払いにて発送いたします。1回のお買い上げ金額が税込2,500円未満の場合は送料は税込500円、税込2,500円以上の場合は送料無料。送料のほかに1回のご注文につき300円の代引手数料がかかります。商品到着時に宅配業者へお支払いください。

同文舘出版　営業部　TEL：03－3294－1801

Hearty Hospitality

ミスをした時、まずどうしますか？

私がお客の立場で店に行った時に感じる、「もったいないこと」はまだまだあります。

私は体が大きく、頼むメニューの品数も多いので、飲食店では狭いテーブルでは食べたくありません。また、混雑しているのも嫌なので、だいたいレストランはピークタイムを避けて入ります。店が空いている時間帯にふたりで入ることが多いのですが、約半数の店は、四人がけの広いテーブルに案内してくれます。しかし、残りの半分の店では、四人がけがいつも空いているのに、「わざわざ」ふたりがけの狭いテーブルに案内されます。そんな時、空いている店内なのに狭いテーブルで食事をするせつなさを感じます。

おそらくこの店は、「2名のお客様はふたりがけのテーブルに」と、マニュアル通りの対応をしているのでしょう。しかし、**マニュアルを超えて臨機応変に対応すること**こそが、お客様に喜ばれることなのです。すべてのお客様にすべて同じように均一化したマニュアル通りのサービスをするのでは、誰も感動しないどころか、**時間帯やタイミングによっては逆に**

不満を感じさせてしまうこともあるということです。そして、こうした融通のきかないサービスが重なると、クレームを生むことになります。

行き届かないサービス、あるいはミスをしてしまった時に起こるクレーム対応のしかたひとつで、お客様のその後の行動は大きく変わります。先日、私が遭遇した、飲食店の対応をひとつご紹介します。

ある駅のショッピング街にある飲食店。私が食事をしていると、ひとりのサラリーマン風の男性が入ってきました。ピークを過ぎて空いている時間に狭い席に通されたその男性は、その席が冷房の真下だったこともあり、店主に「風があたって寒いので、向こうの席に移ってもいいですか?」とたずねました。するとそこで店主がいったひと言が驚きでした。

「いやー、あそこは広い席なので……」

断るにしてももう少し工夫したいい方があるだろうに、と聞いていると、その男性は怒ったような口調で、「じゃあ、いいです」といって店を出て行きました。

この店は、貴重なアイドルタイムの一人分の売上を失っただけにとどまりません。その男性は今後、二度とこの店を利用しないでしょう。そればかりか、その出来事を同僚や家族に話しまくっているかもしれません。

ここでの大きな問題は、空いている時間に狭い席に通すという行為は、あくまで**「店側の都合」**ということです。イスを硬くして居心地を悪くしたり、冷房を強めて寒くしたりして、回転率を上げようとしている店もあるといいます。

しかし、**少しでも回転率を上げるためにお客様の満足度を下げ、結果としてリピート率が下がって集客に苦しんでいる**店が少なくありません。

今の時代は、「お客様を呼びにくい時代」です。広告さえ打てばいくらでも集客できたこれまでの時代と同じやり方をしていたのでは、決してうまくいかなくなってきているのです。

18年前、サロン業界でも常識だった回転効率というものがどうしても納得いかなくて、私はあえて「回転効率の悪いサロン」をつくりました。施術する個室とは別に、広い空間を貸し切りの待合室にして、施術が終わったあともそこでゆっくりとくつろいでいただくことにしたのです。当初、さまざまな人から「そんなのうまくいくわけがない」と笑われましたが、結果は、それがお客様の満足度やスタッフとのコミュニケーションの向上につながり、リピート率や客単価アップとして売上の向上につながったのです。

客単価の高いサロンだからこそ顕著に結果が現われましたが、**今後は、この考え方が他の**

さまざまな業種にも取り入れられていくと私は思っています。なぜなら、今はお金をかけてもどんどん集客が難しくなっている時代。新規集客よりも、既存客の満足度を上げ、**常連様として繰り返し通っていただくことこそが生き残る道**になってくるからです。

クレームの話に戻りますが、私のサロンはここ数年にわたってクレーム0件の記録を更新し続けています。クレームの少ない真の理由は後の章で書きますが、**クレームが起こりにくい第一歩として、「既存客の満足度を上げて常連様を増やすこと」に徹底的に力を注いできたこと**があげられます。

よく「クレームのない店は逆につぶれる」などといわれていますが、それは、店のよさを客観的に知ることができなかったり、お客様がクレームもいう価値がないと判断して離れていったりしてしまうからです。本当の意味でのお客様視点を見直し、文句のつけようがないほどの接客を突き詰めていけば、クレームは起こりようがないのです。

しかし、どれだけ気をつけていても、スタッフも人間ですから、時にはミスもします。そんな時にどのような対応をするのかによって店の真価が問われます。

「申し訳ございません」という言葉も大事ですが、まずは何よりお客様のお体やお洋服などをしっかりと気遣うこと。物をこぼしたりぶつかったりしてしまったら、火傷やけがなどはないか、お洋服に汚れはついていないか、さらにはそのお洋服は思い出深い大事なものではないか、音がうるさくて不快な思いをさせてしまわなかったか。**言葉や形式よりも、まずはお客様のことをしっかりと考えること**が大事なのです。

そうした思いやりを持った対応をすることで、そのミスをきっかけに、お客様がますます店のファンになってくださることはよくあることです。

Hearty Hospitality

同じミスでも、許せる人・許せない人

お客様も人間です。機械のように「ここまでのラインは許せるけど、これ以上は許せない」と、明確な規定を持っているわけではありません。カラオケの採点マシーンでは点数が低いのに、とても上手に感じる人がいるように、上手と感じるかどうか、ミスを許せると思えるか否かは、各人の主観的な判断によるところが大きいのです。

お客様の持っている主観は、私たちではコントロールのしようがありません。しかし、そ

れとは別に、お客様の主観ではなく、**「スタッフの人柄」**によって同じ事象を不満と感じるか感じないかが分かれるということがあります。

これは皆さんもよく経験することだと思います。同じミスをしても好きな人なら許せてしまう。逆に、とてもいいことをしても嫌いな人だとなぜか腹が立つ。そう、人とは得てしてそういう生き物なのです。ならば、どうせ接客するなら、ミスをしても許してもらえる人になったほうがいいと思いませんか?

では、どうすればそのような人になれるのでしょうか。答えは簡単です。**あなたがお客の立場の時、どのような店員ならミスを許せるか**と考えていけばいいのです。

・いつも笑顔で真面目に頑張っている人
・私のことを気にかけてよくわかってくれる人
・テキパキと仕事をこなし知識も豊富な人
・何もいわなくてもよく気がつく人
・声のトーンが柔らかくて気持ちのいい人
・何度も同じミスを繰り返さない人

このような店員だったら、きっと、ある程度のミスなら許せるのではないでしょうか。

もちろん、ミスはしないのがいちばんです。そして、ミスをしても許してもらえるように頑張るわけではありません。


本当にお客様のことを思って喜んでいただこうと精いっぱい頑張った結果、お客様に不満を不満と感じさせないほど魅力的な店員になっていくことが目標なのです。

Hearty Hospitality

原因を自分に見つける

より魅力的な店員になっていくためには、日々の考え方はとても重要です。

他のサロンの方や、私のサロンのスタッフにお客様がリピートされなかった理由や、商品を買われなかった理由を尋ねると、

「『次回の予定がわからない』とおっしゃっていた」

「『持ち合わせがない』とおっしゃっていた」

という返事がよく返ってきます。もちろん、実際にそうだったのかもしれませんし、それ以上おすすめすると強引な勧誘になってしまうので、深追いをしないのは正解です。

しかし、もし実際にそうだったとしても、店員本人がそうだと思ってしまったら、その先の成長にはつながっていきません。なぜなら、「『次回の予定がわからない』とおっしゃっていた」「『持ち合わせがない』とおっしゃっていた」というのは、うまくいかなかった理由を「お客様＝相手」のせいにしてしまっているのであって、自分自身には原因がないと思っているからです。

どんなに頑張っても、他人の都合は変えられません。変えられるのは自分自身だけです。

お客様がどんな理由をおっしゃられたとしても、本当の原因は自分自身にあるのではないかと、常に突き詰めて考える癖をつけること。そうすることによって、「次はこうしてみよう」「それでだめならこうしてみよう」と、日々の成長につながっていくのです。

常に原因は自分の中にあると思うこと。

そうすることによって、自分自身の成長と共に、より一層お客様に愛される接客につながっていくのです。

Hearty Hospitality

人は心で動いている だから心で動かされる

本章の節目に、私が接客業に携わるようになった、最初のもっとも大きなきっかけをお話しします。

私がまだ19歳だった頃、専門学校に通いながら交通整理の警備員のアルバイトをしていました。今の私をご存じの方は信じられないかもしれませんが、当時の私は気が短く、とてもけんかっ早い若造でした。人に対して頭を下げることを知らないものですから、しょっちゅうドライバーともめることになります。下北沢の〝開かずの踏切〟付近の工事現場で、1キロ近い渋滞をつくりながら、タクシーを止めて運転手と殴り合い寸前のいい争いをしたこともあります。そんなことを繰り返しながら、本当に苦痛で仕方がないながらも、お金のために仕事を続けていました。そんなある日、工事で通行止めにしている路地で、あまりにも多くの車から文句をいわれるもので、思い切って素直に謝ってみたのです。それも笑顔で。すると、それまでさんざん文句をいわれていたその現場で、多くの運転手が「ありがとう」といって素直に迂回していったのです。その後も私が素直に頭を下げると、誰ひとり文句をいうことなく、笑顔で受け入れてくれるのです。

狭い路地、通行止め、先を急ぐ車。状況は何ひとつ変わっていません。**変わったものといえば、私自身の態度だけ。**

「そうか、人というのは誠心誠意込めて話せば、皆わかってくれるんだ」

それに気づいてから、私の警備員としての態度はどんどん変わっていきました。明るくにこやかに、運転手の気持ちを気遣うようになりました。「警備員のプロ」という、私の中の別人格がメキメキと顔を出してきたのかもしれません。

今では私は、交通整理の警備員という仕事も「接客業」だと思っています。そこを通る運転手はお客様というわけではありませんが、人と接するという意味での思いやりや気遣い。私は、警備員としての仕事で接客の真髄を学んだと思っています。

当時、まだ10代でしたが、間違いなくそれから仕事が楽しくなりました。初めて顔を合わせる運転手と、ガラス越しに笑顔でコミュニケーションを交わす警備員は他にいませんでしたから、それが新鮮だったのかもしれません。

運転中は皆、渋滞や割り込みなどで神経がピリピリしたりイライラしてしまうもの。そこに輪をかけるように工事の通行止めですから、本来なら文句をいわれて当然なのです。しかし、そこを通る運転手の皆さんは笑顔になってくれました。

そう、運転手も人なのです。**人は「心」で動いています**。思いやりを持って接すれば、きっとそれは伝わります。こちらが笑顔になれば自然に相手も笑顔になり、笑顔になれば感情も穏やかになります。笑顔、思いやりのある言葉としぐさ。それはかならず相手に伝わります。そして、**相手が笑顔になれば、それを見た自分にも幸せが返ってくる**のです。

接客はつらいと思っている方。まずは、**あなたが笑顔になり、お客様に心を込めて接してみてください**。すべてはガラリと変わります。接客が楽しくて楽しくて仕方がないくらい、あなたとあなたのまわりを変えてくれることでしょう。

そこまでやってみて、本当に接客が自分に合った職業だと思うことができたら、この先の章を読み進めてみてください。次章以降では、「接客を用いて実際に売上アップに結びつけていく方法」を具体的に書いていきます。

……が、その前にもうひとつだけ、大切なことを次の項でお伝えします。

Hearty Hospitality

震災やコロナ感染症で相次ぐキャンセルを食い止めたもの

コロナ禍で多くの店が苦戦を強いられる中、私の店は開業以来過去14年間で最高売上記録を達成することができました。

その具体的な手法については拙著『どんな時代にもお客様の心をつかむ「揺るがない経営」』（同文舘出版）に詳しく書いていますが、コロナ禍でお客様の相次ぐキャンセルを食い止めることができたのは、**最終的にはテクニックなどではなく「接客＝お客様を思う気持ち」だったのだと、今でも強く感じます。**

開業当初、何週間もずっとお客様が来ない日々が続きました。初めてのお客様からご予約が入った時は、奇跡だと皆で手を取り合い、涙を流して喜びました。

月日が経ち、予約がいっぱいになってからも、当時の真っ白な予約表を大切に保管して、一人ひとりのお客様のご来店が、決して当たり前ではないのだと、毎回毎回、毎日毎日が奇跡なのだと、感謝の気持ちを持ってお客様と接してきました。

その思い、本音を、感謝の涙と共に切々とメールに綴り、お客様にお送りしたのです。

東日本大震災の輪番停電の時もそうでした。危機的な状況になればなるほど、お客様の大切さがさらに際立ちます。そこでは小手先のテクニックやノウハウなんて何の役にも立ちません。

拙くてもいい。

飾っていなくてもいい。

本音で打ち明けるからこそ伝わるものがあります。

それは、どんなに時代が変わろうとも揺らぐことのない真理なのだと、私は信じています。

PART5

Hearty Hospitality

万人に喜ばれる接客では意味がない

Hearty Hospitality

大切なのは〝絞り込む〟こと

「当店は老若男女どなたにでも喜ばれる店です」

聞こえのいい言葉です。たくさんのお客様が来店されるような気がします。しかし実際のところ、こういう店ほどあまり特徴がなく、集客に苦しんでいる場合が多いものです。

一方で、「阪神ファンしか入れない居酒屋」「鉄道マニアばかりが集まるカフェ」。このような店は、お客様を絞り込んで限定してしまっているため入客数が少なそうな気がしますが、実際には多くのお客様で連日にぎわっています。

違いはどこにあるのでしょう?

その答えは、今あなたの頭の中にあるはずです。前者の「どなたにでも喜ばれる店」と、後者の限定的な店、今、あなたの頭の中には、どちらが鮮明にイメージされているでしょう。いいか悪いかではなく、あなたの記憶にとどまりやすいかどうか。それがそのまま、お客様の記憶にも一致します。

つまり、集客の面でまず大事なのは、**「お客様の記憶にとどまるかどうか」**です。いいか悪いかは、そのあとの問題なのです。

私がセミナーをやる際に、会場でよく実験をしますが、「そこの女性の方」と呼びかけてもほとんどの人は反応しませんが、「そこの緑と赤のチェックの服を着た女性」と呼ぶと、かならずその人は反応します。

会場にはたくさんの女性がいますから、「そこの女性」といわれても、あまり自分のことだとは思いません。まさに自分と一致する特徴をあげられることで、ハッと自分のことだと意識するのです。

店も同じで、「どなたにでも」とするよりも、「阪神ファン」「鉄道マニア」とか、「働く30代で、平日がお休みの女性」などとすることで、そこに合致する人は反応しやすくなり、結果として入客数が増えることになるのです。

そしてもうひとつ、お客様を絞り込む大きなメリットがあります。

それは、**「店員がお客様の像をイメージしやすい」**ということです。

店で働いている店員やオーナーが、どんなお客様が自分の店に来店されるのか、具体的なイメージがわきやすいということです。

私がホームページやブログ、SNSなどを書く際に、もっとも気をつけていることがあります。それは、どんな人にこの文章を読んでほしいのか、**具体的に読む人の姿をイメージして顔を思い浮かべながら書く**ということです。そうすることによって、同じ内容の文面でも選ぶ言葉が変わってきます。句読点を打つ位置や、改行するタイミングが変わったりします。言葉の語尾や載せる事例もそうです。

「言霊《ことだま》」という言葉がありますが、人の発する言葉にはそれ自体に強い力があります。明確に読む相手をイメージすることで、その言葉の伝わる力が大きく変わってくるのです。

店側が、どんなお客様に来ていただきたいのかを明確にイメージすることで、まず店側の行動が変わり、よりお客様に伝わりやすくなっていきます。誰にでも幅広くお越しいただきたいという曖昧なイメージではなく、「何歳で、家族構成は何人で、職業は何で、収入はどれくらいで、性格は、身長は……」など、明確にその人が頭の中に描けるくらいイメージするといいでしょう。もし身近に、理想とするお客様がいらっしゃるなら、その人をイメージするのもいいと思います。

もちろん集客のことだけではなく、内装や店内の装飾品、流す音楽、提供するメニュー、メニューのネーミング、話しかけるタイミングやお会計のしかたまで、すべてが**イメージに合ったお客様がより喜ばれ、常連様になりやすくなる**のです。

お客様を絞り込むということには、「お客様の心にとどまりやすくなる」ということと、「店側がお客様をイメージしやすくなる」というふたつの大きなメリットがある、ということをわかっていただけたと思います。それを踏まえたうえで、あなたがすることはひとつです。**「自分が理想とするお客様に喜ばれる接客とは、どんなものかをとことん追求する」**こと。

せっかく店がお客様を絞り込んでも、働く店員の行動がそれに沿っていなければ、意味がないばかりか、逆効果になってしまいます。極端にいえば、阪神ファンばかりが集まる店で、店員が巨人の帽子をかぶっているようなものです。**本書でこれまでに学んできた動作、表情、話し方、コミュニケーションのとり方などを、そのイメージしたお客様がより一層喜ばれるものへと昇華させていくことが大事**なのです。

残念ながらそれに明確な答えはありませんが、私の考える「理想のお客様」「素敵なお客様」とはどのような方かを踏まえたうえで、これからの章で少しずつ、その最善案を書いていきたいと思います。

Hearty Hospitality

クレームがなくなる!? 灯台下暗しな接客術

ところで、お客様を絞り込むことで、もうひとつ大きなメリットがあります。

接客業にとっていちばん頭を悩ますといっていいほどの悩み、それは「クレーム」。しかし、お客様をある特定層に絞り込めば絞り込むほど、このクレームは減っていきます。

私の経営するサロンでも、オープン当初にはさまざまなクレームが寄せられましたが、ここ16年ほどは、クレームらしいクレームはまったくといっていいほどありません。もちろん、気心の知れた常連の方が多いというのも大きな理由ですが、オープン当初も常連様が多かったにもかかわらずクレームはあったのです。

接客、設備、技術、どれも当初から最高を目指していますから、向上してはいるもののそれほど大きな変化があったわけではありません。ではいったい、何が変わったのでしょう？

どのようにお客様を絞り込んでいったのか、そこにその答えがあります。

私の経営する店はエステサロンですが、開業当初、客単価は5000円ほどでした。それが今では6万2000円と、約12倍にまで上がっています。ここはよく勘違いされがちなのですが、決して値上げをしたのではありません。**値上げをするのではなく、より価値の高いメニューや商品、サービスを提供していくことでお客様の使われる金額が変わり、お客様の層が変わっていった**のです。

そう、ここが大事です。商品がよくなり、全体の価格が上がると共に離れていったお客様も多くいました。一方で、その価格と商品に価値を感じるお客様が集まってくださったのです。もちろんオープン当初から通ってくださっているお客様は、今もいます。それらのお客様も、金額ではなく、メニューやサービスに価値を感じてくださった方なのでしょう。

「金持ちけんかせず」という言葉をご存じでしょうか？

私のサロンのオープン当初、設備も技術も接客も最大限の努力をしているのに、クレームをいって来られたお客様は、たいていある偏った層の方でした。

それは、クーポンなどで安いから試しに来られたお客様。毎回、値段を気にして、少しでも安いメニューを好むお客様。

「何で私にはこのサービスがつかないのよ」「あの人のほうがよいものなんじゃないの？」

など、**他のお客様よりも少しでも得をしたいという思いが、粗探しからクレームへとつながっていったのでしょう。**しかし、少しずつ単価が上がり、安いメニューがなくなった時点で、これらの方は来られなくなりました。

もうひとつ、某大手化粧品店の面白いクレーマーの実話をご紹介します。

その店は、品質のよさを伝え、お客様に安心して使用していただきたいという思いから「永久保証サービス」というのを行なっています。もしも、その店の化粧品を利用して少しでも肌トラブルや事故などにつながった場合、期限に関係なく、新品との交換や返金に応じるというものです。

企業としては立派な心がけでしょう。でもある日の出来事。

「おたくの化粧品を使ったら肌がかゆくなったんだけど、交換してもらえる?」とやって来たお客様。渡された化粧品は、中身をほとんど使い切った状態。中身を使い終わる頃に偶然にも肌荒れが起こったそうです。

しかし、店の決まりなので交換に応じました。そして数ヶ月後……。

「おたくの化粧品で旦那の肌が荒れたから交換して」と、以前と同じ方、同じ化粧品です。今回も同じように、化粧品はほぼ使い切った状態でした。この人はそれから何回も、同じや

売れる……

「すごい販促ツール」のつくり方

販促の基本が丸わかり！　今日からできる・ずっと使える1冊

増澤 美沙緒著　定価1760円

今さらだけど、ちゃんと知っておきたい

「意思決定」

仕事や人生で正しい選択をするための「意思決定」Q&A90

佐藤 耕紀著　定価1760円

今さらだけど、ちゃんと知っておきたい

「マーケティング」

自衛隊のリーダー候補も学んだ！　楽しく学べるマーケの基本

佐藤 耕紀著　定価1760円

今さらだけど、ちゃんと知っておきたい

「経営学」

防衛大学校で20年以上教える著者の講義ノートを初公開！

佐藤 耕紀著　定価1870円

図解　よくわかる　これからの生産管理読本

生産管理の管理手法と現場改善の進め方をビジュアルに解説

吉原 靖彦著　定価1980円

ビジネスパーソンの新知識100

サステナビリティ・SDGs経営

サステナビリティの本質とポストSDGsの経営戦略を解説

松原 恭司郎著　定価2420円

お客さんに〝習慣化〟してもらう！

移動販売の運営術

ベテラン・キッチンカーズの「現場の知恵」と「商いの方針」

平山 晋著　定価1980円

「手書き・3分割」で情報を整理する

3スプリットメモ術

「客観／主観／あとで」3つに分けて書き出す攻めのメモ術

大西 恵子著　定価1760円

9の……で理解する

マーケティング超入門

企業事例を見ながらマーケティングをマスターする1冊

金森 努著　定価1650円

アウトプット3倍で今すぐ実践できる！

すごろく読書術

「すごろく式」で書く読書ノートで夢がどんどん叶いだす！

原 麻衣子著　定価1650円

最速で夢をかなえる！

すごろくノート術

1マスずつ書き進めれば、妄想がするっ♪と現実化する！

原 麻衣子著　定価1650円

脱・ど根性経営！

これからの飲食店DXの教科書

お店の価値&効率UP！　DX導入・推進・活用の具体策

長屋 大輔・山澤 修平・吉田 柾長著／山川 博史監修　定価1760円

お客様の信頼を生む

これからの飲食店　衛生管理の教科書

安心・安全が絶対条件！　今こそ必要な衛生管理ノウハウ

中島 孝治・神宮司 道宏・石井 佳枝著／山川 博史監修　定価1760円

脱・どんぶり勘定！

これからの飲食店　数字の教科書

数字が苦手な店長でも毎日取り組めるシンプル計数管理

東海林 健太郎著／山川 博史監修　定価1650円

お客様に選ばれる！

これからの飲食店　集客の教科書

脱・行き当たりばったり販促！　飲食店集客の超・具体策

白岩 大樹・長屋 大輔・上田 逸平著／山川 博史監修　定価1650円

起業家・フリーランスのための

「ブログ・SNS集客」のキホン

起業家に欠かせない「仕事につながる」情報発信ノウハウ

今城 裕実著　定価1650円

ひとり起業女子が幸せに成功する5つの法則
コーチ・コンサル・講師業が月収を安定させるための集客術
海谷 祐季名著　定価1760円

リアルでもオンラインでも選ばれて稼ぐ！
お菓子・パン・料理教室のつくり方
ライフスタイルや特技などで選べる7つのスタイルを紹介
まつお みかこ著　定価2420円

人とのつながりで成果を呼び込む！
ひとり広報
「また会いたくなる広報」を目指すためのお悩み解決本
北野 由佳理著　定価1980円

小さなお店がムリ・ムダ・ムラをなくして利益を上げる
「引き算の経営」
脱・複雑経営で新たな価値を生み出すシンプル経営術
大塚 誉士著　定価1870円

総務・人事の安心知識
社会保険・労働保険の届け出と手続き
実務で役立つポイントだけをコンパクトにまとめた1冊
古見 明子著　定価1650円

総務・人事の安心知識
ハラスメントとメンタルヘルス対策
ハラスメントが起こりにくい組織づくりや対応策を解説
古見 明子著　定価1870円

新版
社員をホンキにさせるブランド構築法
会社を強くする「チームブランディング」成功ノウハウ
一般財団法人 ブランド・マネージャー認定協会著　定価2420円

改訂版
「カウンセラー」になって月収100万円稼ぐ法
クライアントが途絶えない成功カウンセラーの最新ノウハウ
北林 絵美里著　定価1760円

マイペースで働く！
自宅でひとり起業　仕事図鑑
「人気の定番」から「個性派」まで、ひとり起業のガイドブック
滝岡 幸子著　定価1650円

ビジネスの思考プロセスを劇的に変える！
最新版　インバスケット・トレーニング
仕事に役立つインバスケットの強化書・最新版！
鳥原 隆志著　定価1650円

お客様が10年通い続ける
小さなサロンのとっておきの販促
集客の悩みに終止符を打つ繁盛サロンの販促ノウハウ！
向井 邦雄著　定価1980円

最新版　お客様がずっと通いたくなる
小さなサロンのつくり方
小さなサロンの開業、集客、固定客化の最新ノウハウ！
向井 邦雄著　定価1980円

スタッフが育ち、売上がアップする
繁盛店の「ほめる」仕組み
どんなお店でもすぐに使える「ほめる仕組み」を大公開！
西村 貴好著　定価1540円

最新版
90日で商工会議所からよばれる講師になる方法
セミナーを主催し、集客し、「仕事の依頼」につなげるノウハウ
東川 仁著　定価1650円

営業・企画担当者のための英文契約・交渉入門
法律知識がなくても押さえるべき点がすぐわかる基本の書
小澤 薫著　定価2600円

小さな運送・物流会社のための
荷主から信頼される！「プロドライバー」の教科書
「事故なし、マナーよし」のスキル&マインド
酒井 誠著　定価1980円

り方でずっとクレームをいい、無料で新しい化粧品と交換し続けたといいます。

「化粧品永久保証」や「ハンバーガーがまずかったら返金」などの宣伝文句は、話題性もあり相当の集客効果が見込めるので大手企業も行なっているのでしょうが、裏の面からいうと、来なくてもいいクレーマーを呼び寄せる撒き餌になってしまっています。

最近でいうと、セルフをうたう激安店や、激安のスポーツジムなどもそうでしょうか。現時点でもクレームが多いという話を耳にしますし、数年後には淘汰の道を歩むかもしれません。激安によって増えるクレーム。苦しむのは誰でしょう。何の罪もない現場のスタッフや、本来のその店の常連様です。

そもそも、半額に釣られて来る人や返金目当てで来る人は、本来の価値に見合った定価を定価だとは思っていません。半額＝定価、返金（無料）＝定価だと思って来店してくるのです。**その店や商品に価値を感じていない人ですから、満足もしない、不満に感じる、クレームをいう**という流れになっていくのでしょう。

もうひとつ、価格を上げることでクレームが減る大きな理由があります。

人は無意識に、**安いものは安い理由を探そうとする、高いものは高い理由を探そうとする、**という心理があります。格安で提供した商品に対して、

「なぜこんなに安いんだろう？　きっと何か安い理由があるはずだ。もしかしたら安い材料を使っているのか、賞味期限ぎりぎりのものなんじゃないか」

「人件費や教育費を削っているのだろう。だから接客がいまいちなんだ」

というように、次から次へと安いことの理由＝悪いことを探そうとし、結果的に悪い部分が目立って悪い印象が残るのです。だからクレームにつながりやすくなります。

逆に高い商品は、高い理由＝よい部分を無意識に探そうとします。

「原料が高価なものなのね」「技術と経験が他よりも優れているからだわ」などです。

もちろん、ただ闇雲に値段を上げればよいというものではありません。しっかりと価値に見合ったものでないと、それはすぐに伝わってしまい、逆にクレームにつながったり、お客様が離れていってしまう原因になります。**より一層、メニューや接客の質を高め、満足度の高いサービスを提供して単価が上がっていくことで、店の価値がわかり、そこによさを感じて来店してくださるお客様が増えてくる**のです。

もちろん、高級で丁寧な接客が合わないと思える業種もあることでしょう。しかし、考えてほしいのです。値段を上げるために接客サービスをよくしていくのではありません。**接客サービスがよくなり、お客様の層が変わるからこそ、徐々に単価が上がっていくのです。**

Hearty Hospitality

下を向いたままの「ありがとうございました」

単価や客層に合わせて接客の質を落としてもいいのかといったら、それは大きな間違いです。私はいつも仕事が終わるのが遅く、夜中に開いている店が限られているため、安い飲食チェーン店に入ることがあります。昔、私もそういう店で働いていたことがあるのでよくわかるのですが、マニュアル化されたチェーン店では、「丁寧さ」や「思いやり」よりも、「早さ」に重きが置かれます。

学生のアルバイト同士、マニュアルの「作業」しか知らない人たちの間では、「偉いか偉くないか」の判断基準が、作業が「早いか遅いか」で測られることが多くあります。**早い人は仕事ができる人。丁寧でも遅い人は仕事ができない人、というレッテルが貼られるのです。**するど、どういうことが起こるでしょうか。

会計をしながら、いかに早く食器を片づけるかを考え始めます。「ありがとうございました」という時には、すでに次の作業に移ろうとしているのです。笑顔もなく、お客様の顔も見ずに、頭を下げるのも食器に向かってしています。

ここまでいくと笑い話のようですが、これが実際に行なわれているのですから笑えません。**接客業は食事を出すのが仕事ではありません。**最後までお客様に喜んでいただくこと。「また来たい」と思っていただくために、最後は笑顔で余韻を残すこと。それが本当の仕事なのです。

単価が安いから、下を向いたままの「ありがとうございました」が許されるのかというと、それは間違いです。お客様の顔を見て心を込めて笑顔を見せることぐらいは、どんなに薄利多売の店でもできるはずです。

もう一度いいます。**安いからといってサービスが悪くていいわけがありません。サービスが悪いから安いものを買う人しか集まってこない。サービスが悪いから単価が上がっていかないのです。**

テクニックでお客様をいくらでも呼べた時代はもう終わりです。いかに思いやりのある、心を込めた接客を行なっていくか、店の売上もクレームの数も、原点はそこに隠されているのです。

100円ショップにはもう行かない

Hearty Hospitality

初めに断わっておきますが、決して100円ショップが悪いというわけではありません。ここでは、クレームが少なく単価の高いお客様に喜んでいただくために、どのような点に注意して接客をしていけばいいのかをお話ししていきます。

2年ほど前、私が経営するサロンで、入社したばかりの新人スタッフとお客様の間でこのようなやり取りがありました。

フェイシャルトリートメントを終え、お肌がツルツルになり喜んでいらっしゃるお客様。その様子を見ながら、「○○様、お肌がとてもツルツルになりましたね。ご自宅でも日頃からケアすることで今の状態がキープしやすくなりますよ。100円ショップでも顔をコロコロするローラーが売っていますから、それをお使いになるといいです」とスタッフ。

それを聞いたお客様は唖然……。なぜならその方は、100円ショップに行ったことがなかったからです。

スタッフとしては、「少しでもお客様に金銭的なご負担をかけないように」という思いやりのつもりだったのでしょうが、人によって逆効果の場合もあるのです。「もしかしたら私のことを、そんな安い店を利用する人間だと思っているのかしら」と、気分を害されてしまうかもしれません。少なくとも、「この店、このスタッフ、ここは私の来る店ではないかもしれない……」と思われることでしょう。

実は、**ちょっとした会話の中にひそむたったひと言が、あなたとお客様との間に距離を感じさせ、お客様が知らず知らずに離れていってしまう原因だったりする**のです。

100円ショップが悪いとはいいません。大事なのは、**あなたの理想とするお客様が、ふだんどのような店に行き、どのような金銭感覚で生活しているのかをしっかりと理解する**ということです。

よいものには金額を惜しまず、時間もあり、クレームがない。もし、そういうお客様を理想のお客様だと思うのなら、**そのお客様の生活レベルを知り、そのお客様と同じ価値観になり、同じ判断基準で接することが重要**なのです。

そのためには、なるべく高級な店や文化に触れ、そこでどのような接客やおもてなしがなされているのか、知っておくことが有効でしょう。

もちろん、安い店には安い店ならではの学ぶ点もたくさんありますから、そこに行くことも必要でしょう。しかし、気持ちの面では、「安い店には行きたくない」くらいの心構えでいたほうが、理想のお客様が集まって来やすくなるのです。

「よいものには金額を惜しまず、時間もあり、クレームがない」理想のお客様のことをよく**「富裕層」**という呼び方をしますが、富裕層のお客様を増やしていくには、内外装や設備、メニューの内容、金額だけではなく、**ちょっとしたあなたの思考や言葉が大きな影響を及ぼす**ということを知っておいてください。

何度もいいますが、決して安い店が悪いわけではありません。単価が安いお客様がいけないわけでもありません。どんな店を選ぶか、それは個人の自由であり好みです。そして安い金額で勝負したほうが、お客様の絶対的な数は増えるというのもまた、紛れもない事実です。

私の店でもオープン当初、クーポン誌で半額のキャンペーンをしたことがありましたが、たしかに倍以上の集客につながりました。でも、そのほとんどのお客様は値段を戻したとたんに離れていき、半額なので売上はそれほど上がらず、無理をしたスタッフが体を壊し身も心もボロボロになったという事実だけが残ったのです。

個人店、小さな店では価格の安さを継続することは不可能です。もしできたとしても、**絶対に価格競争では大手に勝てません。**資金力、仕入れコストの削減、知名度。大手同士でさえ、しのぎを削り合い利益を減らして四苦八苦しているのが現状なのですから、そこに個人規模の店が立ち向かおうとすること自体が間違いなのです。

しかし、**「大手のやり方を真似れば、大手のように大きくなれる」と錯覚してしまう人が多いのが現状です。**多分に漏れず、私もそうでした。そして見事に玉砕し、大手とは真逆のやり方を始めてから売上が上がり始めたのです。今の苦しい状況から抜け出そうと思ったら、やり方を180度変えてみる必要があります。いい方は悪いですが、安い商品、安いお客様は、資金力のある大きな店に任せておけばいいのです。私たちはもっと価値を求める、理想のお客様に絞り込んでいくことが大事なのです。

Hearty Hospitality

ブランド品、いくついえますか？

富裕層の方の生活レベルや趣味嗜好、価値観などを知るべきだと書きましたが、もちろん、洋服やバッグ、靴など、**その方たちが持っているであろう「物」についても、しっかりと知っておく必要があります。**

PART1で述べたように、お客様とコミュニケーションをとるうえで大事なのは「ほわあん」とした接客、つまり「ほめる・笑わせる・安心させる」ことです。ずばり、この3つの中でいちばん難しいのは「ほめる」ことだと思います。そもそも、どこをほめたらいいのかわからない時があります。

「お若いですね」「おきれいですね」「細いですね」、それでももちろんいいのですが、本心でそう思ってほめたとしても、どこかお世辞くさく感じます。お客様によってはこそばゆく感じる方もいらっしゃるかもしれません。

それではここで、「ほめる」ことについて詳しく書いていきましょう。

お客様を自然に心地よくスマートにほめるには、いくつかのコツがあります。

①その人そのものではなく、その人の行為や考え方をほめる
②客観的に第三者的にほめる
③心からよいと思ったものをほめる

①の「行為や考え方をほめる」というのは、「おきれいですね」などではなく、「美意識がお高いですね」「そのお洋服、センスがいいですね」など、**そのお客様が努力していること、こだわっていることなどをほめる**ということです。

当然、その方が持っているブランドのバッグや洋服などは、その方のこだわりの現われです。そこにセンスのよさを感じたら、ためらうことなくほめるべきなのです。

ところが、もしもそのこだわりに気づかなかったらどうでしょう？　せっかく高価で価値のあるものをこだわって身につけているのに、その価値に気がつかなかったら、ほめるポイントがずれてしまうばかりでなく、あまりにもウソくさい言葉になってしまいます。

そうならないためにも、しっかりとブランド品などを勉強しておく必要があります。そして可能なら、実際に自分でもそれを身につけてみて、**その時の感情の変化、優越感や達成感などを味わっておく**のもいいと思います。

ブランドは何も洋服やバッグなどの「物」だけではありません。ホテルやレストラン、エステ、移動手段など、機会があれば一流店を体感し、その時感じたことをしっかりと胸に刻んでおくことが大事なのです。

正直にお話しします。数年前、私は富裕層の真理を探ろうと、ある高級なレストランで食事をしたことがあります。いろいろ勉強になったことはあったものの、正直、料理は別においしいとも感じず、接客は手取り足取りすぎてかえって気持ちが悪かったものです。居心地の悪さを感じて、少しでも早く帰りたいとさえ思いました。しかし、それでいいのです。**その時の自分の気持ちの変化、「違和感」を実感することが大切**です。

その時に感じたさまざまな気持ちは、あらためて自分の今の位置を確認させてくれます。その気持ちと富裕層の方の気持ちとのギャップが、あなたがこれから成長していく伸びしろとなっていくのです。

次に、②の「客観的に第三者的にほめる」というのは、「お若いですね」というよりも、「よくまわりから、お若いといわれませんか?」という具合に、第三者を介したいい方をすることで、わざとらしさがなくなるというものです。

しかし、そのような小手先のテクニックよりも、大事なのは、③「心からよいと思ったものをほめる」ことです。心がともなっていないのに口先だけでほめても、それは相手に伝わりません。**その方のことを心から好きになり、心の底からよいと思ったものをほめれば、不器用でもその思いは伝わる**のです。そのためにも、しっかりと**「よいもの」を見抜く力をつけておくことが重要**なのです。

接客の常識3つのウソ「ニーズに応える」

今まで、本や研修などで接客を勉強したことのある方にとって、常識だと思われていることと正反対の話をこれからします。「なるほど、いわれてみればたしかにそうかも」と思う人もいれば、「いやいや、そんな馬鹿な」と思う人もいるでしょう。

もしかしたら私の考えが間違いなのかもしれません。しかし、私の経営するサロンがこれで軌道に乗り始めたのは紛れもない事実です。

・お客様のニーズに応える
・すべてのお客様に平等に接する
・お客様と呼吸や会話のペースを合わせる

実は、この3つとも私は守っていません。正確には、「守らないようにしてから店の売上が上がり始めた」といったほうがいいでしょう。

では順番に話していきます。まず、「お客様のニーズに応える」ことです。ニーズというのはお客様が望んでいること、要望です。

一人ひとり、お客様のニーズは違います。にぎやかな店が好きな人もいれば、落ち着いた店が好きな人もいます。辛口が好きな人も甘口が好きな人もいます。

私もこれまで勤めてきた職場でよく教育されました。

「どんなお客様のご要望にも応えられるよう、最善を尽くしなさい」

また、こんなことをいう会社もありました。

「お客様の声を集めなさい。そこに書いてあるご要望に沿って今後のサービスを考えていきなさい」

ずっとそう教わってきましたし、それが正しいと思っていました。しかし、自分で店を始めてから、そこに大きな抵抗を感じてきたのです。**すべてのお客様の要望に合わせようとすればするほど、店の特徴がなくなり、お客様が離れていってしまう**のです。

お客様が減ってきた頃、私は誰の意見が正しくて誰の意見が間違いなのか、わからなくなってきました。喜んでくださる方もいるし、不満そうな方もいる。よい商品をおすすめしたのに、「ほら来た」というような感じで鼻で笑われたのは今でも忘れられません。

人間というのは弱いもので、嫌な感情ほど強く記憶に残ります。お客様のためを思って商品をすすめたのに鼻で笑われた。自分は悪いことをしているのだろうか。こうして多くの人が自信をなくし、徐々に商品をおすすめできなくなっていってしまうのです。

その頃の私は、夢中で勉強していました。エステサロンという業種は恐ろしいもので、「クレーム専用」の書き込みサイトがあります。当然、書かれているのは大手の有名サロンのことばかりで、当時まったく無名だった私のサロンのことなどは書かれているはずもなかったのですが、自分のサロンでクレームを生まないために、そのサイトを読み尽くしました。そしてあることに気づいたのです。

ここに書き込んでいる人は、ほとんどが初回1000円などのお試しクーポンで利用した人ではないのか？　と。もちろん、「やけどをした」「臭いが気になった」など、まともな意見もありましたが、大半は「強引にコースの勧誘をされた」「化粧品を売りつけられそうになった」など、通常の業務（営業努力）を行なっていることに対してのクレームでした。中には、本当にひどい勧誘を行なったサロンもあったのかもしれませんが。

しかし、私は経営する側の人間として、心から相手のことを思ってご案内しても、そのようにいわれることがあるということを感じていました。だってそうです。その人たちは最初から「お試し料金のサービスだけを受ける」と決めてきた人たちなのです。

ある会社のデータでは、安売りクーポンを利用する人の中には、**「店に行く前から1回しか行かないと決めている人」が、なんと20%もいる**といいます。驚きです。10人のうち2人が、まだ店に行ってもいないのに、よいかどうかもわからないのに、最初から「絶対に通わない」と決めているというのです。それが非常識だとか悪いとかいうつもりはありません。

しかし、ここで、考えるべきことがあります。はたして、このようなお客様のニーズにも、応える必要があるのでしょうか？

「2：6：2の法則」というものがあります。どのような組織や集団も、かならずといっていいほど、20%の優秀な人間と、60%の並みの人間と、残り20%のよくない人間に分かれるというもので、これは自然界でも多く見ることができる法則です。

つまり、お客様も20%の熱烈な優良客と、60%の良客と、残り20%の「あまりよくないお客様」に分かれるということです。

そして悲しいことに、なぜかこの残り20%の「あまりよくない声」ばかりが耳に残ります。私のところに相談に来られる、売上の上がらない個人サロンの方のほとんどが、物販をしていません。していたとしてもほとんど売れていません。なぜ売らないのかと聞くと、「売ろうとしても買ってくれないし、逆に離れていってしまうのが恐い」とおっしゃいます。

そう、**「売り込みは悪」**だととらえているのです。自店のホームページに堂々と「当店では強引な商品の売り込みは一切しませんのでご安心ください」と書いてあったりします。もちろん強引すぎるのはよくありませんが、なぜ売り込みが悪なのでしょう？　そのお客様のためを思って、継続的に通うことをおすすめする。自宅でのケアも必要だから、お肌に合った化粧品をすすめる。それのどこが悪でしょう？

そうなのです。わずか20％の聞かなくていいお客様のニーズに翻弄されてしまい、正しいことに罪悪感を抱いてしまっているのです。

現在、私のサロンでは、商品やコースをおすすめして文句をいうお客様はまったくいらっしゃいません。むしろ「教えてくれてありがとう」「あなたのすすめるものなら絶対に間違いないわ」と喜んでくださいます。さらには、「何かもっとよいものがあったら教えてね」とおっしゃいます。

この違いはなんなのでしょう。そう、**聞かなくていい20％のニーズに惑わされることなく、自分たちがよいと信じたことを貫いてきた結果**なのです。お客様のニーズに合わせるのではない。自分たちがお客様の目線で最高だと思えるもの、それをブレることなく貫いていくことが大切なのです。

そしてもうひとつ、大事な点があります。それは「お客様は素人」だということ。美容業であれ飲食業であれ、その仕事を営む私たちはプロです。素人であるお客様の意見を取り入れ、それに応えても、それでは「素人の想像力」の範囲を超えることはできません。

私たちがプロの立場として、知識と経験と想像力を高めて、お客様の満足を超えた「感動」を与えていかなければならないということなのです。お客様のニーズに応えるのではなく、自分たちがプロとしての経験と知識を持ったうえでお客様の目線に立ち、その理想を貫いていくことが何よりも大切なのです。

Hearty Hospitality

接客の常識3つのウソ「平等に接する」

次に、「すべてのお客様に平等に接する」ことについてです。これは本当にどこの職場でもいわれました。「100万円買うお客様も、10円しか買わないお客様も同じお客様。平等に接しなさい」。もちろん、美徳だと思います。学校の授業で習った「人類はみな平等だ」という精神と同じかもしれません。

この常識（固定観念）には、私も本当に長い間苦しみました。毎回1万円を支払って月に4回来られるお客様と、毎回2000円で2ヶ月に1回のお客様と、平等に接しなければならないと思っていましたから。土日などの人気の曜日になると、2000円のお客様のために1万円のお客様をお断りせざるを得ない時もありました。それが常識で、それが美徳なのだと思い込んでいたのです。

そんなことで悩んでいた時期に、「顧客管理」という聞き慣れない言葉を耳にしました。**「店の売上の75％は、特定の30％のお客様だけでつくられている」**というものです。「本当かな」と思いつつも、サロンの売上表を実際に分析してみると、まさにその通りの数値が出たのです。

その時、私に衝撃が走りました。いい換えると、残り70％のお客様の売上すべてを合わせても、店全体の25％の売上にしかならないということ。先ほども述べた通り、お客様によってそれぞれ、1回に使われる金額も来られる頻度も違います。それを多い順に上から並べると、店全体のお客様のうちの上位30％の方だけで、売上の75％を占めているのです。

つまり、仮にこの30％のお客様がもっと店を気に入って倍の回数来てくだされば、残り70％のお客様がまったく来なくなったとしても、売上は１５０％になるということです。これは極論ですが……。

それを知った時、私はあらためて「平等」について考えてみました。本当の平等というのは、すべてのお客様に同じように接することではないのではないか。とても店に貢献してくださるお客様と、たまに少ししか貢献してくださらないお客様を同じように扱うことは、逆に不平等なのではないかと。そして、**使っていただいた金額、店への貢献度によってサービスの質を変えていくことこそが、本当の平等、公平なのだという結論に達したのです。**

そこからすべての行動が変わりました。上位30％のお客様に、より質の高いサービスをしていこう。そのためにはどうすればよいだろう、と考え始めたのです。

もちろん、上位30％以外のお客様も店にとってはありがたいお客様です。サービスの質を落とすわけにはいきません。サービスに差をつけるということは、片方を下げるのではなく、もう片方を上げるということです。つまり、上位のお客様に喜んでいただくことを考え続けることで、店全体のサービスの質自体が向上していくことになったのです。その結果、当然ながら接客の質自体も格段に向上しました。

Hearty Hospitality

接客の常識3つのウソ「会話のペースを合わせる」

そして最後に、「お客様と呼吸や会話のペースを合わせる」ことについてです。

これは「ペーシング」といって、PART2でも述べた「ラポールを築く」、つまりお客様との距離を縮めるためによく用いられる手法です。

例えば、お客様と会話をしている時に、さり気なくお客様の話すスピードに自分も合わせてみる。相手が早口なら自分も早口に、ゆったりの方にはゆったりした口調で。呼吸のペースを合わせたり、相手のしぐさを真似してみたり、声の高さや笑うタイミングなどもそっと合わせてみる。すると、相手は無意識に「なんだかこの人とは気が合う」「話していて心地よい」と感じて、心を開いてくれやすくなる、というものです。

これ自体は人間関係を円滑にするために有益な手法です。実際、これを取り入れている店もたくさんあることでしょう。

しかし、私のサロンではあえて使いません。

これも「ニーズに応える」や「平等に接する」に通じることですが、「お客様にはさまざまなタイプがいらっしゃるから、そのお客様のタイプに合わせて接客応対を柔軟に変えていきましょう」というものです。

人にはさまざまなタイプがありますが、NLPという心理学では、人は大きく3つのタイプに分けられるといいます。「視覚タイプ」「聴覚タイプ」「触覚（体感覚）タイプ」の3つです。

視覚タイプというのは字の通り、目から情報を得るタイプの人で、過去の思い出なども「キラキラ輝く夕焼けの海」のように、映像で覚えている場合が多いといいます。映像は情報量が多いためか、基本的に早口の人が多いのも特徴です。

聴覚タイプは耳から音として情報を得るタイプで、海面の映像よりも波の音やその時の音楽などが思い出に残っているタイプです。話すテンポは速くも遅くもなく中間くらいです。

触覚タイプはその時の温度や感触など、体に感じたことで情報を得るタイプで、ゆっくりと話す人が多いそうです。

つまり「ペーシング」とは、この話すスピードによって相手のタイプを見極め、意識的に相手にペースを合わせ、それに見合った接客を試み、親近感を抱いていただきましょう、というものなのですが、実は個人的に私は、こういう手法はあまり好きではありません。

人をうまく操っているように思えるのもそうですが、「**無理して人に合わせても、自分が苦しくなるばかりじゃないか**」という考えが根本にあるからです。むしろ、自分のペースを貫いて、それに心地よさを感じてくれるお客様が増えていくほうが、今後の店のことを考えていくと、理想なのではないかと思えるのです。

そして、これはあくまで私の経験上の印象でしかありませんが、富裕層の方、落ち着いている方というのは、ゆっくりと話す方が多いように思うのです。そうではない方ももちろんいますが、あながち間違いではないと思います。

ということは、あなたがふだんから落ち着いてゆっくり話す癖をつけておけば、徐々にそれに心地よさを感じる人ばかりが集まってくるようになるということです。すなわち、富裕層のお客様が増えていくことになるのではないでしょうか。

これは実証データがないので私の想像の範疇を超えませんが、現状、私のサロンでは、お客様に無理に会話のペースを合わせるのではなく、自分たちが心地よいと感じる、ゆったりとしたペースで話すようにしています。

ゆったりと話すことには、それ以外に次のようなメリットもあります。

・**店員が早口だと話も聞き取りにくく、急いでいると思われる**（電話予約の際、お客様が「忙しそうだから早く切らなきゃ」と思ってしまう）

・**ゆっくり話すことで、会話自体に癒し効果がある**（お客様にリラックスしていただける）

そしてもうひとつ、面白い事実があります。

先ほど人には3タイプあるという話をしました。「視覚タイプ」「聴覚タイプ」「触覚（体感覚）タイプ」です。そして「触覚タイプの人はゆっくりと話す人が多い」という話もしました。では、触覚タイプの人とは、どういう人だったでしょうか。そう、体で感じたことで情報を得るタイプです。

つまり、肌に触れられることにとても価値を感じられる方々なのです。飲食店や他業種の方にはあまり意味がないかもしれませんが、エステやアロマサロンにとっては大事で、ゆっくり話すお客様というのは、「体に触れられることに喜びを感じる方」が多いということでもあるのです。

結論ですが、お客様一人ひとりにこちらがペースを合わせていくのではなく、自分たちが考える理想のお客様のペースを想定してそれを貫くこと。そうすることで、離れていくお客様もいらっしゃるかもしれませんが、結果として、裕福で落ち着いていて触れられることの好きな、「いわゆる理想のお客様」が徐々に増えていくことになるのです。

Hearty Hospitality

日本一接客態度の悪い店がウケている本当の理由

極上の接客とは何か？　を問う本書の中で、ここではあえて日本一接客態度の悪い店について書きたいと思います。

2024年現在、日本一接客態度の悪い店としてYouTubeなどで話題の店をご存じでしょうか？　多くの有名ユーチューバーたちがその店を訪れ、その接客態度の悪さを映して配信する。その態度の悪さに戸惑う配信者の様子が面白く、それがクチコミとなって広がり、連日予約でいっぱいの「the LAZY HOUSE」というレストランです。

オーダーは不機嫌な態度で取りに来るわ、料理や飲み物は投げつけるように提供するわ、営業中に店主が突然タバコを吸いに行くわ、悪態ばかりつくわ、散々で、YouTubeのコメント欄にも「こんな店、絶対に行きたくない」「信じられない」「すぐに潰れるよ」などの文字が多く並ぶのですが、実はこれ、ある種のコンセプトレストランで、わざと悪い態度を演じている……というものなのです。

いわゆる、メイド喫茶やツンデレカフェなどと同じイメージですね。ただし、決して店主が萌え萌えキュンというわけではなく、ややむさ苦しいおっさん……、いや、ややイケメンの男性。料理は信じられないほどおいしいらしいですが、なぜそこまで人気なのか、単に話題になったことで一時的に流行っているだけなのかと思う方も多いと思います。

残念ながら遠方のため、私はこの店にはまだ行けていませんが、さまざまな配信動画を見る中で、この日本一接客態度の悪い店の「本当の人気の秘密」が、ところどころに垣間見えてきます。

・乱雑に料理やドリンクを置くと見せかけて、実はギリギリこぼれないように計算された力加減
・お客様が手持ち無沙汰になりそうな時に、タイミングよく現われ、悪口をいって笑わせる

・お客様の料理やドリンクがなくなりそうなタイミングで、ちょうどほしいと思っていた商品を勝手に持ってきて、悪口をいいながらも勝手にサービスで置いていく
・ユーチューバーなどの配信者が撮影している時には、店内ミュージックで著作権の申し立てがなされないよう、さりげなくフリー音源に切り替える

まだまだいろいろと見て取れますが、悪い接客態度を取りながらも実は緻密に計算されているところが多く、絶妙なタイミングを計りながらパフォーマンスが行なわれているのです。これ、本当に接客の悪い店ならなかなかできることではありません。なぜならお客様のことをしっかりと見ていないと、タイミングが計れないからです。さらにいえば、**お客様をしっかりと見ながら、「今、お客様が何を望まれているか」を、先読みして汲み取っている。**悪く見せるためにも、それを洗練されたパフォーマンスにまで仕上げるには、お客様の望まれていることを察知し、理解し、行動する必要があるのです。

とはいえ、いざ来店すれば罵詈雑言を浴びせられ、勝手に変なニックネームをつけられたりするような店ですから、決して万人受けするような店ではないでしょう。
あえて万人受けしない接客を選んだことも、大きな成功の一因といえるかもしれません。

Hearty Hospitality

売り込まずになぜ売れるのか

先ほど、「売り込みは悪ではない」という話をしましたが、そうは思っていても売り込むのはやはり労力を使うものです。お客様を絞り込んでいくことで断られることが減り、労力が軽減していくのは確かなのですが、売り込まなくても買ってくだされればこれほどよいことはありません。

実際のところ当店では、ほとんど売り込みをすることなく高額なメニューや物販商品が売れているのが現状です。

「前に通っていたサロンは、毎回毎回商品を売りつけてくるので、嫌になって行くのをやめた」とおっしゃるお客様が、毎回のように数万円もする化粧品や美容食品などを購入してくださるのです。

では、なぜ売り込まなくても売れるのでしょう。これはPART2「コミュニケーションの鍵は『共通点』」でも述べましたが、当店がSNSやニュースレター、メルマガなどを使って「情報発信」しているからに他なりません。

お客様がある商品を見た時、その場で即決して買っていくことは、どちらかといえば稀なことです。高額になるほどなおさらです。街を歩いている時に高級な外車を売っているのをたまたま見かけて、「よし！　今買おう」となる人はまずいないでしょう。じっくり下調べをして、いろいろとシミュレーションして答えを出すはずです。テレビのコマーシャルもそうでしょう。たまたま画面に映った物を見た瞬間、本編の番組そっちのけで、すぐにテレビを消して店に買いに行くことはないでしょう。

エステの商品も同じです。金額や内容によってはその場で買われることももちろんありますが、いきなりそこでパッと見ただけの商品よりも、以前から知っていて気になっている商品のほうが買いやすいのは当然です。

テレビのコマーシャルの話をしましたが、まさにそれです。たまたま店に入って商品を見て回る。するとそこに見覚えのある商品が。「あ、あのCMで見たことのあるやつだ」「タレントの誰々が宣伝していたやつだ」、そこで記憶と現実がつながり、購入に至りやすくなるのです。知らない商品よりも知っている商品のほうが買いやすいというのは、当然の心理だと思います。

このように、同じ商品でも事前にお知らせしておくことによって、安心感やほしいという気持ちが膨らんで、おすすめしなくても買いやすくなり、さらには「せっかくほしいのに今日はお金を持ち合わせていない」といったニアミスを防止することもできます。

SNSやニュースレター、メルマガなどは、自己開示などでコミュニケーションを図り、お客様との距離を縮めていくと共に、事前に知っていただくことで商品を購入しやすくするという効果もあるのです。もし、現時点で情報発信をしていない方は、すぐにでも開始されることをおすすめします。

ただ、ひとつだけ勘違いしないでいただきたいのは、SNSやニュースレター、メルマガなどは決して「物を売るためのツール」ではないということ。

たまに、どう見ても宣伝しかしていないニュースレターやSNSなどを見たりしますが、それでは逆効果です。あくまでコミュニケーションがメインで、そのうえであなたや店のよさ、メニューや商品のよさを知っていただくためのもの。そう思って情報発信をすることが、実は売上向上のいちばんの近道なのではないかと思っています。

本書の冒頭の章で、「接客も商品の一部」だと書きました。

そしてもうひとつ、私が大切だと思っていることをお伝えします。**「商品販売も接客の一部」**だということです。

商品を売り込むことは決して悪ではない。よいものをしっかりとお伝えし、それをお客様が利用して喜んでくだされば、さらにお客様の満足度が上がります。お客様が喜んでくださることが接客をするうえで何よりも大切なことなのですから、商品をしっかりとおすすめすることも立派な接客なのです。

そのように考えれば、あなたがお客様によいメニューや商品をおすすめする意義がわかってくるのではないでしょうか。

Hearty Hospitality

「高額商品」と決めるのは誰の基準?

お客様を絞り込み、メニューや商品の質を上げて単価が上がってくると、面白い現象が起こってきます。前項で「売り込まなくても売れる」という話をしましたが、それにさらに拍車がかかってくるのです。

当店の実例ですが、まだ客単価が5000円だった頃、どんなに物販にチャレンジしてもまったくといっていいほど売れませんでした。すすめてもすすめても断られ、あげくに「うちは物販の売れない店だ」と勝手に結論を出し、すべての物販をやめてしまいました。

それから2年ほど経ったある日、ある商品がすごく人気だという噂を耳にします。なんと、1本1000円もする美容ドリンク。10本セットで1万円です。「売れるわけがないだろう」と思いながらも、思い切って販売したところ、最初のひと月で70万円もの売れ行きとなったのです。

当時の私たちにとってこれは衝撃でした。もちろん商品のよさを知るために、自分たちでも毎日それを自腹で飲み続けていたのですが、売り始める前の本心は「こんな高いもの誰が買うんだ?」というものでした。「美容ドリンク1本1000円＝高い」と、勝手に思っていたのです。しかし、現実は違いました。その商品は飛ぶように売れ、14年が経った今でも継続的に売れ続けるロングヒット商品となっています。

内容が申し分のないことは知っていました。効果が著しいということも知っていました。それでも、自分たちの生活レベルで、勝手に高いと決めつけてしまっていたのです。

同じような例として、岩盤浴ドームのチケットがあります。1回2500円のメニューで10回で2万円。当時の客単価は5000円ですから、売れるわけがないと思っていました。

初めて売れた時にはスタッフの手が震えたほどです。でも数年経った今、当店のお客様の8割以上の方が、当たり前のようにそのチケットを購入してくださいます。そして当たり前のように再購入されるのです。

「高いか安いか」というのは絶対的な基準ではありません。中古の軽自動車が200万円なら高いと感じますが、新車のフェラーリが200万円なら安いと感じるでしょう。いや、免許を持っていなくて、まったく車に興味のない人は、200万円のフェラーリも高いと感じるかもしれません。同じ「車という乗り物」です。同じ「200万円」という金額です。**それを高いか安いか決めているのは、それを購入する本人**に他ならないのです。

ですから一度、あなたが扱っているメニューや商品に対する「この商品は高額だ」という意識を、なくしてみることが大事です。それはあなたが決めるべきことではありません。それが高いか安いかを決めるのは、お客様なのです。

自分と対等では上にいけない

Hearty Hospitality

接客には関係のない話かもしれませんが、本章の終わりに、ひとつ大切な話をしましょう。
おそらくあなたは、今の状況をもっとよくしたいと思ってこの本を読んでくださっているはずです。そんなあなたがこの先の人生を大きく変えていけるように、少し残酷ですが、前向きな話をします。これからあなたは、今いる友人や大切な人を失うかもしれません。

私は、まったくの素人から始めたサロンを、7年という短期間で売上16倍以上に成長させてきました。客単価も当初の5倍くらいになっています。多くのお客様に愛され、9割以上のリピート率を誇っています。しかし、その陰では、何人もの人がさまざまな言葉を残して去っていきました。

「最近どんどんメニューが高くなって、お金儲け主義に走ったわね」

「仕事仕事仕事で、お前もつまらない男になったよな」

「あなたの夢は、別に私には関係ありません」
「夢とか理想とか、もう子どもじゃないんだからさ」

お客様、身近な友人、スタッフ、昔からの親友。

何かひとつ新しいチャレンジをするたびに、「そんなの危険だからやめておいたほうがいい」といわれ、ひとつ乗り越えて成功するたびに、捨て台詞を吐いて、人が目の前を去って行きました。これまで努力してきたことに対してだけならまだしも、私の人格そのものを全否定するような辛辣な批判もありました。身を切るような思いとはこういうことか、という体験もしました。誰を信じていいのか、人間不信に陥りそうなことも何度もありました。

おそらく店を開いている方なら、そのような経験を何度かしていることでしょう。きっと、いや間違いなく、そのつらさは階段を上るたびに加速していきます。しかし、それはしかたのないことなのです。

多くの人は変わることを恐れます。自分自身の今という現状に不平不満を吐きながらも、自らそれを変えようとする人はあまりいません。変わるのが怖いのです。変わるのが怖いから不平不満や愚痴でそれをごまかすのです。

そしてそういう人は、自分の身近な人が変わることも恐れます。一見、心配したり、諭したりしているような言葉をかけてきますが、実はそうではないのです。**あなたが変わるのを恐れているのです。**

こういう人のことを、「ドリームキラー」というそうです。言葉の通り、「夢を壊す人」です。あなたのことを思っているように見せながら、あなたが成功するのを怖がっています。あなたが成功して自分よりはるか上に行ってしまうのを恐れているのです。だから、あなたが成功した時に本音が出ます。「自分の人生は間違っていない」と正当化するために、捨て台詞を吐くしかないのです。

しかし、その人が悪いというわけではありません。その人を責めるつもりもありません。人はそういう弱い面を持っているということです。そして、そこを離れることが、自分自身が成長した証だということなのです。

人には2種類のタイプがあります。**他人の成功を妬む人と、他人の成功を喜べる人。**

世の中で成功している人は、明らかに後者です。このことは何となく話では知っていましたが、それを目の当たりに感じた瞬間。この時こそが、大きく私のステージが上がった瞬間だったのだと思います。

皆さんは、富裕層を相手に商売をすることをどう思うでしょうか？

お金目当てで〝こすい〟と思うでしょうか。いつも背伸びして疲れそうだと思うでしょうか。自分は、お金に困っている人にも喜んでもらえるような仕事がしたいと思うでしょうか。

どのような考え方でも自由です。しかし、富裕層というのは多くの場合、いい換えれば「成功者」ということです。いつもそういう方と接し、そういう方の考え方や行動のしかたに接することは、自分自身を大きく成長させることにもつながるのです。

自分自身と同じようなレベルの仲間や、共にいてラクに感じる人とばかり一緒にいると、自分自身を成長させるのは難しいかもしれません。そこに、変わるのを恐れる気持ちや、ドリームキラーがたくさん潜んでいるかもしれないからです。

ですから皆さん、どうか人が去っていくことを恐れないでください。

苦しいかもしれない。すべてを否定されたように落ち込むかもしれない。それでも、そこがあなたのステージを大きく上げるチャンスなのです。つらい時はどうか上を見てください。何本もの金色に輝く光の矢が、すぐそこまで飛んで来ているのが見えるはずです。

PART6

Hearty Hospitality

「極上」と呼ばれる接客の裏ワザ

Hearty Hospitality

1回目と2回目はまったく違う

前章では、富裕層の方に絞り込んでいくことが大事だという話をしました。しかし、富裕層の方に絞り込むということは当然、その客層に合わせて店の接客の質を上げていかなければなりません。それも、ただ上質なだけではやがてそのお客様たちも離れていってしまうことでしょう。上質のさらに上、「極上」の接客でなければならないと私は考えます。

ではいったい、極上の接客とはどんな接客なのでしょう。本章では、そのことについてお話ししていきましょう。

極上とは、「程度が極めて上等なこと」です。最上＝もっとも上、特上＝特別に上等、どれがいちばん上なのかというのは議論が分かれますが、どれがいちばん上かではなく、「極め抜く」という意味で私は「極上」という言葉が好きです。

さらに上、さらに上と、常に極めて極めて極め抜いていくことが極上なのではないかと思います。スポーツや芸術などでもそうですが、極め抜いたものは、ある種独特な存在感があります。いうなれば、「破天荒」「異端」「常識外れ」といった、他にはない突き抜けたものがあります。**突き抜けた存在になる**という意味で私は、極上の接客とは、破天荒で常識外れな接客であるべきだと思っています。どんなに姿勢がよく丁寧でも、言葉遣いがきれいでも、それが型にはまったものでは極上とはいえません。型にはまることなく、常識にとらわれることなく、接客を極めていこうとすることが大切です。

ところであなたは、毎回お客様に同じように接しているでしょうか。同じようにあいさつをし、商品を提供し、会話をし、会計してお見送りする。もしそうだとしたら、それをすぐにやめてください。特に2回目のご来店のお客様。もしも、1回目と同じように接したとしたら、あなたの店はその先のチャンスを失うことになるでしょう。

数千数万もある店の中から、あなたの店を見つけ、ご来店くださった。それは奇跡ともいえます。「わざわざ私の店を選んでくださった」、喜びがはち切れるほどの思いで、初めてのご来店を歓迎したはずです。では、そのお客様が2回目に来店してくださった時はどうでしょう。慣れてしまい、1回目は「奇跡」だったのに、2回目は「当たり前」になっていませんか。

多くのサロンから私に寄せられる悩みでいちばん多いのが、「集客の悩み」です。「新規のお客様が来ないので、なかなか売上が上がらない」「常連の方はリピートしてくださるのですが、顧客の絶対数が少ない」など。実は私から見たら、これは大きな勘違いです。

「リピーターの方が多いのに集客に困るわけがない」というのが私の考えです。もちろん新規客を増やすことはできます。さまざまな手法を使えば、あっという間に今の倍、いや10倍にすることも可能でしょう。でも、大事な部分に気づかなければ、いつまでも同じことを繰り返すだけです。考えてみてください。少しずつでも新規のお客様が来られているのに全体の客数が増えないということは、それ以上に常連のお客様が離れてしまっているということです。もしも常連のお客様が離れることなくずっと通い続けてくださっていれば、どんなに新規の数が少なくても全体の客数が減るわけなどないのです。そこに気がついていないから、いつまでも新規が少ないと悩み続けることになるのです。

私は、店の経営とは、「ヤカンの水をわかすようなもの」だとたとえています。

ヤカン＝店

水＝お客様

水の温度＝お客様の信頼度
湯気＝利益
だと考えてみましょう。

多くの店は、このヤカンに穴が空いてしまっています。その穴からからどんどん水が漏れてしまっている。つまり失客です。穴が空いて水が漏れているのに、そこに一所懸命、新規集客＝新しい水を足そうとしているのが、ほとんどの店の今の状況なのです。

実際にヤカンを想像すればわかりやすいと思います。お湯をわかそうと思ったら、まずはその穴をふさぐはずです。どんなに水を足してもそれ以上の水がどんどん穴から漏れていってしまっていては、いくら火にかけてもわかすことはできません。最悪の場合、ヤカンの中は空になり、空焚きで火事になってしまうこともあります。つまり「倒産」です。

そうならないために、さらに集客に莫大なお金をかけて、入れる水の量を増やして、何とか元の水の量を維持している状態が、経営に苦しんでいる店の状態なのです。でも、それで何とか売上を維持できたとしても、その状態では水はなかなかお湯にはなりません。

お湯とは、「常連のお客様」という意味です。何度も通って信頼関係が出来上がったお客様のこと。新規集客ばかりに気を遣って水をためても、せっかく少し温まったお湯はどんどん穴からこぼれている。こんな状態では、ヤカンの中はいつまで経っても冷たい水で、熱いお湯にはなりません。沸騰しなければ湯気は出ないのです。

では、いったいどうすればいいのでしょう？

やはり、まずはヤカンの穴をふさぐことです。

つまり、お客様が離れていかない仕組みをつくることです。しっかりと穴をふさげば、新しく注ぐ水の量を減らしても水はたまっていきます。そして、お湯がこぼれていないので、温度も上がりやすくなる。新規のお客様にいきなりよいメニューや商品をおすすめしてもなかなか買ってくださいません。信頼関係がまだできていないからです。

逆に、信頼関係の出来上がったお客様は、特におすすめをしなくても商品やチケットを購入してくださったり、来店頻度も上がります。何度も何度も、通い続けてくださることで、やがて熱湯となり、ヤカンのふたを動かすほどの湯気を出すのです。

また、**ヤカンの中が熱湯で満たされていれば、新しく注いだ冷たい水もすぐに熱いお湯になります。**まわりのお湯が熱いので新しく入れた水も温まりやすいのです。常連のお客様が多いと店もスタッフも活気づき、サービスの質が上がっていくので、新規の方も常連になりやすくなっていくのです。

多くの店は、穴の空いたヤカンのまま水を注ぐことばかりに必死になっています。しかし、店をよくし、売上を上げ、利益を生み出すというのは「お湯をわかす」ということ。沸騰させるということ。そこに焦点を合わせなければなりません。

では、ヤカンに空いた穴をふさぎ、お湯を沸騰させるにはどうすればいいのでしょうか。まずは**お客様が離れていかないように全身全霊を傾ける**ことです。1回目の来店と2度目の来店で、同じように接していたのではそれは実現しません。初めての来店よりも、リピートしてくださることのほうが遥かに奇跡です。それだけの喜びをもって接しましょう。

人は、同じことを繰り返すとやがて飽きていきます。2回目、3回目、同じことを繰り返していたのでは、そのうち飽きて他店に移っていってしまうことでしょう。「そういえば昔よく通ってくださっていた○○様、最近見かけないな……」などということが、よくあるのではないでしょうか。

1回目よりも2回目、2回目よりも3回目、10回目、100回目。来られれば来られるほど感動するような接客、毎回驚きと感動に満ちた接客を心がけることこそが、ヤカンのお湯を沸騰させ、熱い蒸気を吹き出すこと＝利益を生み出すことにつながるのです。

その熱いお湯から出る蒸気は、大きな機関車さえ走らせるパワーを持つのです。

Hearty Hospitality

お客様をとりこにする「たったの3文字」

毎回毎回、さらなる喜びや感動を与え続けることは、正直いって容易ではありません。友人関係でも恋人同士でも夫婦間でも、かならずといっていいほど倦怠期は訪れますから、お客様との関係を常に新鮮に保っていくことは、針の山を登るようなものかもしれません。

しかし、容易ではないからといって諦めてほしくはないのです。せめて気持ちの面だけでも、喜びや感謝の心、思いやる心を持ち続けてほしいと思います。

特にそんな中でも、多くの店でやっていない、簡単な方法がひとつありますので、ぜひそれは実践してほしいと思います。たったの3文字の言葉をいうだけです。たったの3文字ですので、ぜひ暗記してください。

その3文字は、**「いつも」**です。

2回目のご来店、3回目のご来店、回数が増えれば増えるほど、お客様にとって気になることがあります。それは、「この店の店員は、自分のことを覚えてくれているのかどうか」ということです。

前述した通り、そのお客様は、店にとってはたくさんの中のひとりかもしれませんが、お客様にとっては、あなたの店やあなたは唯一のものです。気に入った店だったら、お客様はなにげなく交わした会話や行なったサービスを、驚くほど覚えてくださっているものです。それなのに、店員であるあなたが、そのことを忘れてしまっていたらどうでしょう。きっとそのお客様は、とてもさみしい気持ちになるはずです。

もちろん、不満というわけではないでしょう。でも、お客様の本音は、自分を覚えていてほしいのです。もしかしたら、不満ではないけれど少しずつ気持ちが離れ、何となく来店されなくなってしまうかもしれません。店や接客に魅力があればそうはならないかもしれません。「まあそんなもんだよね。仕方ないよね」と思ってくださるかもしれません。まわりにもそういう店が多いからです。でも、それだったらなおさら逆に考えましょう。

「まわりがそのような店ばかりだったら、そこにこそチャンスがあるのではないか」

以前、当店の常連様から聞いた話です。行きつけのネイルサロンに予約の電話を入れると、何度も通っているはずなのに、電話口で店員からフルネームや電話番号など、細かく質問されたというのです。そのお客様は、それが当たり前だと思っているから不満には感じていないのでしょう。

そこで、もし電話口のスタッフが開口いちばん、「あ！　○○様、いつもありがとうございます。ご予約ですね。今回はどうなさいますか？　前回とコースを変えますか？」などといってくれたらどうでしょう。きっとその時点で大きく感動されるはずです。「私のことを覚えてくれているんだ」と。

人はやはり、**自分のことを覚えてくれているとうれしいもの**です。まだ関係が浅かったり、間が空いてしまったりした時はなおさらでしょう。だからこそ、特に1回目と2回目の違いは大事なのです。まだやっとリピートした状態、常連にはなっていない状態。この時点で「わぁ、○○様、先日はありがとうございました。またご来店くださってとてもうれしいです。前回はその後いかがでしたか？」と、しっかりとその方のことを覚えていて感情のこもった応対ができれば、その方は予想外の出来事に一気に喜びが増すことでしょう。

長く間が空いてしまったお客様も同じです。半年ぶりに電話をした時に、「うわ〜、お久しぶりです。お元気にしていらっしゃいましたか？　今回も前回と同じメニューにされますか？」などといわれたらどうでしょう。

「こんなに時間が経っているのに、まだ自分のことを覚えてくれていたんだ」と、感動されるのではないでしょうか。実際に私のサロンでも、このようなやり取りから、久しぶりのお客様が、その後ずっと通い続けてくださるようになったという話はよくあります。

ただ現実問題として、何百人何千人ものお客様の情報を、全部覚えておくのは簡単なことではないでしょう。ずば抜けた記憶力の持ち主でない限り、不可能に近いことだと思います。そのため当店では、お客様一人ひとりに対して1冊の大学ノートを用意し、びっしりとそのお客様と話したことや起こった出来事を書き込んでいるのですが、予約で来店される際は事前に準備や心構えができたとしても、とっさにかかってきた電話などでは対応できません。電話がかかってきてから、カルテや大学ノートを探しても間に合わないからです。

そこで当店では、「CTI」という、電話がかかってきた時点でお客様の情報が立ち上がるシステムを導入し、即座にお客様に対応できるようにしました。電話番号だけでその方の前回の来店履歴や施術内容などがわかるため、隅々まで心の通った対応ができ、さらにお客様の満足度を上げることができるようになったのです。世の中に出回っているものは高額なため、自分たちでそれを開発してしまったほどです。

しっかりとそのお客様の情報を整理して、隅々まで心の行き届いたおもてなしをし、1回目よりも2回目、2回目よりも3回目、10回目、100回目と、回を重ねるごとにお客様への感謝の気持ちと、喜ばせたいという思いを高めていくことが、極上の接客への第一歩なのです。

Hearty Hospitality

魔法の言葉「どちらでもいいですよ」

極上の接客で大切なのは、「そのお客様の想像を上回る」ということです。お客様が容易に想像できることをそのまま提供しているだけでは、その方を感動に導くことはできません。そのために必要となってくるのが**「プロという立場からのアドバイス」**です。

結果的にそれは、よりグレードの高いメニューのご提案や商品のおすすめになっていくのですが、PART5でも書いた通り、やはりそこに抵抗を感じる方はまだまだ多いようです。しかし、そこを越えない限りお客様の満足度は上がっていかず、やがてふだんの接客に飽きて離れていってしまうことでしょう。もちろん、お客様を絞り込んで何度も通っていただき、関係性を深めていくことによって、その壁はかなり下がっていきます。当店では、継続的に通う気のある方しか初回来店しないように絞り込む努力をしていますから、次回の予約を取るのはかなり楽な状態です。もともと何度か通うつもりで来店されているので、「次回は○日後頃にもう一度来店していただけるといいと思います」とお伝えするだけです。それだけでほとんどのお客様が、その場で次回のご予約を入れてくださいます。

先ほどヤカンのたとえでも話しましたが、まわりのお客様（常連様）がその場で次回の予約を入れて帰るというのが当たり前になっていますから、それが〝常識〟として新規のお客様にも伝わっていくのです。

人の「信じる力」というのは不思議なものです。それまで誰にも割れなかったクルミが、誰かひとりが割るのを見た瞬間、全員が割れるようになったという経験があります。本当は割ることができるのに「勝手に自分で割れないと思い込んでいた」だけなのです。そう思っただけで、潜在意識はブレーキをかけて「割れない」ことを実現しようとします。

次回予約にしても、チケットや商品の販売にしてもそうです。「こんな高いもの売れない」とか、「本当に予約をしていってくださるのだろうか」という迷いがあるうちは、なかなかそれは実現しません。「実現しない」ことを、潜在意識が実現しようとするからです。**まわりに「買ってくださる方」や「予約を入れてくださる方」が増えていくことで、伝える側に**

自信が宿り、それがお客様にも伝わるのです。

とはいえ、そこまで到達するのには時間と労力が必要です。足がかりとしての第一歩も必要でしょう。では、それはいったい何なのでしょう。それこそが「お客様によりよいものを提案していく」という行為なのです。矛盾しているようですが、おすすめしていかなければいつまでも売れず、売れるムードはつくれません。売り込まなくても売れるようにするには、まずは売り込むことが必要なのです。

ところが、それが売れないと、ますます売れない悪循環に陥りやすくなります。「また断られた」「なんか迷惑そうな顔をしていた」「おすすめするのが苦痛になってきた」という感じです。そうなってしまうと本末転倒です。オープン当初の私の店のように、「売れないのが当たり前の店」になっていってしまうでしょう。

ではいったいどうすればいいのでしょうか。答えは実に簡単です。
「売らなければいい」のです。
またまた矛盾したようなことを書いています。「おすすめしなければならないのに、売らなければいいとはどういうことか」、混乱してしまうかもしれません。

しかし、難しく考える必要はありません。お客様のためによりよいものをご提案しなければならない。でも、売らなくてもいい、ということです。売る必要はないのです。最終的に買うかどうかを判断するのはお客様です。それを無理に買わせたのでは、お客様は不満を感じてしまうことでしょう。

そこでこの魔法のひと言を使います。

「どちらでもいいですよ」

「買っても買わなくてもどちらでも大丈夫ですよ。市販のものを使っても、今あるもので間に合わせても、それはお客様がお決めください。私たちはお客様が本当に喜ばれることが願いなのですから」

そう、決して売ることが目的であってはなりません。お客様が喜んでくださることが目的なのです。そこを間違えると何もかもが悪循環になり、お客様も売る側も苦痛になっていきます。前述したスーパーの店員や居酒屋の呼び込みのようになってしまい、その仕事をする本当の意味がわからなくなってしまってはなりません。

店の品揃えを豊富にして「お客様に気持ちよく買い物をしていただくこと」、店内にご案内して「気持ちよく食事をしながらその時間を楽しんでいただくこと」。それが私たちの本当の仕事なのです。

それが心から理解できれば、すべての行動が変わっていくことでしょう。商品を提案するのは売るのが目的ではない。お客様に新しい感動を味わっていただき、心から喜んでいただくこと、それが目的。そう考えれば、苦ではないはずです。むしろお客様に喜ばれることをしているのですから、どんどん楽しくなってくるはずです。「この間教えてくれた商品、とてもよかったわ。ありがとう」。そういう言葉が返ってくることで、あなたの接客の質はどんどん上がっていくのです。

Hearty Hospitality

丁寧な「上から目線」

これまでよりもさらにお客様の満足度を上げて、極上の接客を目指していくためには、決してお客様と同じ目線ではいけません。「お客様目線にならなければいけない」ということを前に何度もいいましたが、それはあくまで**「お客様の目線を知る」**ということです。

実際にお客様と接する際には、同じ目線であってはならないのです。「上から目線」でなければなりません。「上から目線」というと、何やら傲慢で自分勝手な店員のような印象を与えるかもしれませんが、決してそういうことではありません。

お客様はあくまで素人です。逆にいえば、素人だから何とかしてほしくて来店されたのです。そんな方に対してあなたは、店員という立場のままであってはならないのです。どちらかというと先輩、先生、指導者、医者のような立場の存在にならなくてはいけません。

例えば、「痩身エステ」を例にとってみましょう。

あるお客様が、「痩せたい」といって来店されました。痩身エステに来られるお客様の場合、ほとんどの方が過去に何かしらの自己流のダイエットを試していたり、他のエステサロンに通っていたりします。そこで成功しなかったり、自己流でできなかったから、別のサロンに来るのです。その方がこのようにおっしゃいました。

「10キロ体重を落としたいんです」

「そうなんですね。あと10キロ体重を落としたいんですね」と受け入れながらも、その方に優しく、あることを伝えていきます。「体重に目がいっているうちは、ダイエットは成功しませんよ」と。

私はダイエットに関してのプロです。ダイエットの本質を深く勉強し、自分自身でも実践し、指導者としての資格も取得し、何百名もの方を成功に導いてきました。そんな私が、「そうですか、ではうちのエステで体重を10キロ減らしていきましょうね」と、**そのままお客様の望むことを叶えてあげようとしても、それが間違っていたのではそのお客様を不幸にしてしまう**だけです。

大事なことなのでもう一度いいます。お客様は素人だからあなたの店に来られたのです。そのお客様の望むこと＝ニーズに応えても、まずそれは結果的にお客様の満足にはつながりません。しっかりとプロとしての知識と経験を前面に出しながら、よき指導者としてそのお客様を導いていく必要があるのです。

もちろん、上から目線といっても、ただ横柄に自分の意見を押しつけろといっているのではありません。お客様にはお客様の事情や考えがあります。それは絶対に否定してはなりません。**まずはお客様をすべて受け入れる**ことが必要です。お客様を受け入れ、認め、深く聴き出し、**その方が本当に求めているものが何かをしっかりと理解したうえで、丁寧にわかりやすく納得していただけるように指導していく**のです。そう、ただの上から目線ではなく、「丁寧な上から目線」であることが大切なのです。

Hearty Hospitality

お客様が本当に買いたいものは何か

「お客様が本当に求めているものが何なのかをしっかりと理解する」と書きましたが、これはとても大事な話なのでさらに掘り下げていきましょう。「お客様が本当に買いたいものは何か？」ということです。

飲食店なら「料理」。エステなら「美」。アロマなら「癒し」。コンビニやスーパーなら「食材や日用品」など。それが一般的な答えですが、実はそうではありません。繰り返しますが、お客様はその店の商品だけではなく、その場の空間や時間、そしておもてなし、それらのすべてを求めているのです。ここまでは理解していただけたでしょう。

しかし、実はこの段階では、まだ3分の1ほどにしかすぎません。極上の接客をしていこうと思ったら、さらにその先を追求していかなければならないのです。それはいったい何でしょうか。その答えは、

「わからない」

です。

いいえ、答えがわからないわけではありません。実は、この本当の答えというのは、**お客様自身もわかっていない**のです。お客様さえも気づいていない心の奥底に答えがあります。

例えばエステの場合。痩身が目的で来られる方は「痩せたい」、フェイシャルの場合なら「美肌になりたい」と思って、来店されます。ほとんどのサロンはその要望に応えようと「痩せていただくため」「美肌になっていただくため」に最大の努力を注ぎます。

当然、お客様もそう思っています。そして結果的に「痩せた」「きれいになった」と、喜んで帰られるわけです。

しかし、はたしてそれが本当の答えなのでしょうか？　本当に痩せることや美肌になることが、その方の心から望んでいることなのでしょうか？

例えば、「痩せたい」と思っていた人が、船で旅行中に遭難して無人島に流れ着いたとします。まわりには誰も住んでいる形跡がなく、食べるものもあまりない。そんな中、たったひとりで暮らしているうち、ふと気づけばすっかりと脂肪が落ちて、モデルのようなスレンダーな体型になっていた。

これではたしてうれしいでしょうか。こんなにきれいに痩せたのに、それを見てくれる人や伝える相手が誰もいないのです。ただただ、痩せたことがむなしくなるだけではないでしょうか。その人の望んでいたことは達成されたはずなのにです。つまり、「痩せたい」が本当の最終願望ではなかったということです。

そうなのです。お客様自身も痩せたいと思っていた。美肌になりたいと思っていた。しかし、本当の心の奥底で望んでいたのはそれではなかったのです。

「痩せたい」のではなく、「痩せたねといわれたい」。

「美肌になりたい」のではなく、「きれいになったねといわれたい」。

お客様の望んでいるすべての答えはここにあります。

多くのサロンはここに気づいていません。おそらく全国に何百店舗もある大手のサロンも気づいていないでしょう。だから、痩せさせることばかりに一所懸命なのです。その結果、どうなっているでしょう?

ほとんどのお客様は、痩せたいと思って来ています。だから痩せたらそれで目標達成です。

つまり、その時点で来店されなくなってしまうのです。痩せたくて来たのだから、痩せたら来なくなるのは当たり前。そこでまた、新たな集客をしなければならないことになります。「えっ？　それって当たり前じゃないの？」と思った方がほとんどでしょう。

しかし、違うのです。私のサロンは痩身がメインですが、すでに痩せたお客様も以前と同じ頻度で、いやむしろそれよりも多いくらいの頻度で、10年も15年も通い続けてくださっている方がほとんどです。痩せたから来なくなる、ということがないのです。

それこそが、お客様自身も気づいていない「本当に望んでいること」に気づいてあげ、それを満たすために私たちが常に努力をし続けている結果なのです。考えてみてください。仮にエステに1回来てウエストが3センチほど細くなったとして、喜んで家に帰り、家族や旦那様に会う。はたして家族の中の誰か、「おっ、ウエスト3センチ細くなったね！　すごい！」と気づいてくれるでしょうか。その後、主婦仲間に会って、「○○さん！　ウエスト3センチ細くなったんじゃない？　うらやましいわ～」といってくれるでしょうか。

お客様自身も痩せたいと思って来店されたので、それが実現して一瞬喜ぶのですが、実は本当に心の底で望んでいることが満たされていないのです。だから、なぜか心が満たされないままでいるのです。

だからこそ、**その望みを、私たちが心を込めて満たして差し上げる必要があります。**お客様のウエストが3センチ細くなったことを、お客様以上に、喜ぶのです。お芝居ではいけません。本当に、心の底から、涙が出るほどに、「今日施術させていただいてよかったです。本当にうれしいです」と喜ぶのです。家族や旦那様や友達でさえそこまでしてくれないのに、サロンの一スタッフが、そんなに心から喜んでくれたらどうでしょう。

自分でも気づいていない本当の望みが満たされると共に、「この店に来てよかった。ずっとここに通い続けたい」と思ってくださるのです。

そう、お客様が本当に買いたいものは商品や接客だけではない。自分自身でも気づいていないような驚きや感動なのです。

Hearty Hospitality

クチコミを巻き起こす究極の接客法

さて、ここまで読んできて、徐々に「極上の接客」とはどのようなものなのか、何となくわかってきたでしょうか。形だけの丁寧さや思いやりではなく、お客様も気づいていない望みを心から理解して、驚きや感動につなげていくということ。やはり大切なのは形ではなく「心」なのです。それをしっかりと追求し、さらに高めていくことで、お客様がお客様を連れて来てくださるようになります。

それが、いわゆる「クチコミ」です。

そもそも私のサロンのような「痩身エステ」は、基本的にクチコミが起こりにくい業種だといわれています。人は、自分が痩せるためにエステに通っていることはまわりに隠したいもの。ましてライバルに内緒で出し抜きたいと思っていれば、なおさらです。それでも私の店では、お客様が友達や家族などを紹介してくださることはよくあります。現在、私の店では、新規集客にほとんど経費をかけていませんから、新しく来られる方のほとんどの来店理由が、インターネット検索か、店の前を通りかかったか、クチコミ（紹介）のどれかです。

私の店のようなクチコミが発生しにくい業種でもそれなりに効果があるのですから、アロマやフェイシャル、理美容室、飲食店などは、ぜひ次の方法を実践されるといいでしょう。

それは「クチコミを巻き起こす究極の接客法」です。

初めに皆さんに考えてほしいのが、「クチコミとはいったい何なのか」ということ。

「あの店、よかったよ。今度行ってみて！」と店を紹介してくださることなのでしょうか。残念ですが、そんなことは実際にはほとんど起こりません。**お客様があなたの店を友達に紹介して、何のメリットがあるのでしょう。**「ご友人を紹介してくださった方には○％オフ」などのサービスを行なった場合は別でしょう。しかし、富裕層の方を客層のメインにしている場合、それは絶対にNGです。

富裕層の方の心理として、「自分が得をしたいがために友人を利用すること」を極端に嫌います。もしも「ご友人を紹介してくださったら30％オフ」としていて、たまたま友達を紹介してくださった場合、その友人にも同じ告知がされるのです。「ご友人を紹介してくださったら30％オフ」と。その時点でその友人に何と思われるだろうか。せこい人間だと思われるのではないか。富裕層の方はそういうステイタス的なことに気を遣います。

ですから私の店では、紹介された側には特典をつけても、紹介してくださる側には決して特典はつけません。

でも、考えてみてください。人はだいたい、同じ価値観、同じような収入、同じ生活レベルの人とつき合うといわれています。つまり、富裕層の方を紹介してくださる方もまた、ほとんどが富裕層だということです。また、クチコミで来られたということは、その方からすでに店のよさをある程度聞いて知っていてくださるということです。その方がそこにずっと通っているということも知っているということです。だったらなおさら、その方に紹介していただけないのはもったいないことです。本当の意味での「理想のお客様」になっていただける可能性のある方を、みすみす逃してしまうのですから。

では、どうすればクチコミにつながるのでしょうか。また、クチコミの本当の意味とは何なのでしょう。

少し想像力を働かせてみましょう。あなたがまわりの友人に、「このお店、よかったよ」と伝えたくなるのはどのような時でしょうか。そこにヒントがあります。

【新しい店に行った時】

「あの新しくできた店、行ってみたよ！」「どうだった？」という会話はよく耳にするのではないでしょうか。やはり、**新しい物事は人に話したくなるもの**です。それをいち早く体感したことを自慢したいという本音もあるのでしょう。現に、多くの店のクチコミをする人の統計を取ってみると、もっとも多くクチコミをしてくれるのは、意外なことに常連様ではなく、新規客なのです。

逆にいえば、新規のお客様は放っておいてもクチコミをしてくださる可能性が高いということです。しかし、常連のお客様を増やすことを目指している「極上の店」においては、新規の方ではなく、いかに常連の方にクチコミをしていただくかを考えていかなければなりません。では、次にクチコミしたくなる理由を考えてみましょう。

【いつもと違う新しい発見があった時】

そうです。常連の方が新規の方に比べて、なぜクチコミをしないのか。その答えは、実は**「新しい発見がない」**からなのです。たしかにそうでしょう。いつもと同じ店、いつもと同じメニュー、いつもと同じ接客、いつもと同じ金額。これでは話す理由が見つかりません。誰かに聞かれたとしても「うん、いつも通りだよ」と答えるしかないでしょう。それでは聞いた相手にもまったくよさが伝わりません。だからこそ「新しい発見をしていただく」必要があるのです。

例えば、新しいメニューや新しい商品。ちょっと面白いイベント。感動するほどのエピソードなど、いつもと違う発見や感動があった時に人はそれを話したくなります。

ある日、誕生日に自宅に花束が届いた。しかもそれは自分の誕生日ではなく、ずっと前に店員に一度だけ話したことのある、ペットの誕生日だった。こんなことをされたら、誰だってそれを人に話したくなるのではないでしょうか。新メニューやキャンペーンも同じです。

「あの店で新しく始めた○○というメニュー、日本初のものらしいわよ」。そんなちょっと自慢できる話題が提供できれば、常連様もクチコミをしたくなるきっかけになるでしょう。

【お客様を特別扱い＝えこひいきする】

そして、常連様が絶対にクチコミをしたくなる究極の技があります。これこそが、今までの常識では「絶対にやってはいけない」といわれてきた常識外れなことです。

それが「えこひいき」です。一般的にお客様には平等に接するのが常識で、特別扱いやえこひいきをするなんてとんでもない、と思われています。しかし、本当にお客様に満足していただき、極上の接客を行なっていくには、この考え方はかならず理解していただきたいことなので、最後までじっくりとお読みください。

そもそも、お客様が店からされてもっとも喜ぶこととは何でしょうか。

それは、当たり前のサービスでも、当たり前のおもてなしでも、当たり前のキャンペーンでもないのです。どんなに丁寧でも、どんなに上手でも、どんなに知識豊かでも、それが**他の人と同じで画一化されたものでは、そこに飛び抜けた喜びは生まれません。**

他の人には決してやっていないサービス。自分だけしか受けられない特別なものに対してこそ、心からの感動や喜びを味わっていただけるのです。

例えば、裏メニューみたいなものでもいいでしょう。「あの店には、私だけしか受けられない特別なメニューがあるのよ」。そんな扱いを受ければ、きっとその方はそれをまわりに自慢したくなることでしょう。

この**「自慢したい」という気持ちこそが、お客様がそれを話したいという原動力となり、結果的にクチコミへとつながっていく**のです。ですから、これはいろいろと頭をひねってアイデアを絞り出してみてください。

私の店では、特別なお客様しか使えない「その方専用のお着替えやスリッパ」などを用意しています。期間限定で行なった特別メニューは、終了後も特別なお客様だけが受けられるようになっています。この「私だけ特別」という優越感や満足感は、どんなサービスよりも喜ばれます。特に富裕層の方は、値引きなどではほとんど喜びません。自分だけが特別だという優越感こそが、富裕層のお客様の本当の喜びにつながるのです。

しかし、それを全員のお客様に対して一人ひとり行なっていくのは至難の業です。まず不可能に近いでしょう。ではどうすればいいのでしょうか。あなたはすでにその答えを知っているはずです。そう、店の売上の75％を占めている、**上位30％のお客様にだけ行なっていけばいい**のです。

客単価も高く来店頻度も多い。そんなお客様をより一層大切にし、その方たちだけに特別なサービスを行なっていくことで、さらに単価や来店回数が増え、売上が上がっていくだけではなく、クチコミにもつながっていきやすいのです。しかも、思い出してください。「人はだいたい、同じ価値観、同じような収入、同じ生活レベルの人とつき合う」、つまり、お客様の中でももっとも上位の、本当の意味でのＶＩＰなお客様と同じレベルの方が、クチコミで増えていくことになるのです。

Hearty Hospitality

ＳＮＳ上での「極上の接客」とは

さて、２０１３年の本書初版発刊から２０２４年の最新版発売までの11年間で、接客業界においてもっとも変わったことといえば何かと考えた時、おそらくこれなのではないかと思うことについて少し書いていきたいと思います。

これまで接客とは、「対面」で行なうのが当然だったと思います。ところが特にコロナ禍以降、オンライン会議やオンラインセミナーなどが常識的に行なわれるようになり、サロンやパーソナルジムでも、オンラインによるカウンセリングをするところが増えてきました。今や接客とは対面にとどまらず、全国どこにいてもつながることのできる「オンライン接客」にまで幅が広がったといえます。もう少し時代が進めば、メタバースでの接客や、新世代触覚デバイスを用いた「メタバース施術」なんていうものも現われてくるのかもしれませんね（個人的にはイヤですが……）。

そういう視点で考えると、画面の向こうにお客様がいるという意味で、インスタグラムやTikTokなどのSNSでの情報発信も、接客といっていいのかもしれません。

経営者や店長だけでなく、一従業員も個人的に気軽に発信している時代ですからね。**「SNS＝接客」という意識**を皆が持っておかないと、今後ますます炎上や風評被害、誹謗中傷などが深刻になっていく恐れがあります。

ですのでここで、SNS上での極上の接客について、まとめておきましょう。

・常に店の顔であることを意識する
・特定のお客様の顔を思い浮かべながら書く（言葉遣いに注意）

・ネガティブなことを書き込まない
・ネガティブな書き込みに必要以上に反応しない
・著作権・肖像権・個人情報・守秘義務に配慮する
・不確かな情報を発信・拡散しない
・書き込んだ後、第三者目線で何度も読み返してから投稿する
・常に相手の幸せを願いながら投稿する

まだまだありますが、すぐに思い浮かんだのが以上のようなものです。**基本的にSNSも通常のお客様に対しての接客と同じだと思って行なうことが大切**です。またそれ以上に、顔や声のない文字だけの世界というのは誤解を生みやすいので、他人が読んだ時にどう感じるかをしっかりと意識する必要があります。

私も、ネット上に発信する時には何度も何度もチェックして、神経質なまでに細心の注意を払って行なうようにしています。それでも時々、誤解を生んでしまうこともありますから、できれば他の人に一度読んでもらってから投稿するのもひとつの手かと思います。

いずれにしても、**ほんのちょっとしたミスで大きな誤解や炎上につながることもあり、信**

用を失うのは「一瞬」であることは、頭に入れておく必要があるでしょう。

ユーチューバーであれば炎上自体が収入になる場合もあるかもしれませんが、店においてはマイナスでしかありません。実際に長年続いた有名な店や企業でさえも、炎上によって閉店や倒産に追い込まれています。SNSでの接客というのは、たとえるなら超高速で走るスポーツカーのようなもの。一瞬の過ちが大事故や生命の危機にもつながりますが、細心の注意を払って正しく扱えば、自店にとって大きな繁栄をもたらしてくれるはずです。

何よりも、まだ見ぬ未来のお客様に向けて、あなたや店を伝えることのできるSNS。あなたを求める方が画面の向こうで見ていることを意識し、未来への想像力を働かせながら、〝極上のSNS接客〟を行なっていきましょう。

Hearty Hospitality

予約の取れない店に起こる面白い現象

飲食店や理美容院などに比べて、エステは敷居の高い業種です。特に私のサロンは初回の割引をほとんどしていませんから、新規のお客様でも1万5000円くらいの単価になります。ホームページの写真や案内文の情報しかなく、どんな雰囲気なのかもわからない店に初めて行く時には、正直にいって、相当不安だと思います。他のサロンの場合でも、ほとんどのお客様は来店するまでの間に、かなりの不安や葛藤、警戒などがあるでしょう。

そんな状況にもかかわらず、私の店では最近、面白いことが頻繁に起こっています。「**まだ一度も来店したことのないお客様が、来店前にその次の予約まで入れてくださる**」という現象です。行ったこともない店に、1万5000円を投資するだけでも勇気のいることです。もしかしたら、自分には合わないかもしれません。とてつもなく強引で嫌な店かもしれません。それなのに、1回も来店していないのに2回目の予約を入れてくださるのです。なぜこのようなことが起こっているのでしょう。

ホームページやブログ、SNSなどで、しっかりと店の情報やスタッフの情報、人柄などを伝えていることもあると思います。特にブログなどでは、新規集客よりも常連のお客様とのつながりを大切に考えていますから、その雰囲気が随所に現われて、初めての方にも伝わっているのかもしれません。しかし、それだけではなかなかその次の予約まで入れたりはしないでしょう。

物事にはかならず、「原因」や「理由」があります。売上が上がらないのにも理由があります。逆の場合もそうです。そしてお客様があなたの店を選んだのにも、かならず原因と理由があるのです。「なぜあなたの店を選んだのか？」、それを追求していくと、あなたの店の新しい何かが見えてくることでしょう。

それと同じように、お客様が2回目の予約を入れてくださるのにも明確な「理由」があります。

その理由とはずばり、**「予約が取りにくいから」**に他なりません。

ありがたいことに私のサロンは、2ヶ月先まで予約の取りにくい状態が続いています。予約が取りにくいということで、これから新しく店に来ようと思う方は、次のふたつの印象を焼きつけられるでしょう。

1つ目は、「予約が取れないほどの人気店なんだ」ということです。常連の方で常に予約が埋まっているということは、「それだけ多くの方に信頼され、支持を受けているということなのだろう。それだけ多くの方に支持されているということは、きっと技術も接客も素晴らしいに違いない」と思っていただけるでしょう。

そして2つ目の印象が、その方を行動へと駆り立てる理由になるのですが、**「先に予約を入れておかないと、次は入れないんじゃないか」**という思いを抱くことです。

「飢餓感」ともいいますが、人は、「あと少ししかない」「もう手に入らないかもしれない」と思うと、どうしても手に入れなければ、という思いに駆られます。

わかりやすい例でいうと、ホテルの空き室状況や航空機の空席状況。「残り1部屋」や「空席残りわずか」となると、急いで予約を取ろうとします。これが、「まだまだ席に余裕がありますす」という状態のうちは、「もう少し様子を見よう」「行きたくなったらそのうちに行こう」となるわけです。

実は、この「そのうちに行こう」というのがいちばん怖い状態で、「そのうちに行こう」「またの機会に行こう」「そろそろ行こうかな」「あ、忘れていた」と、結局行かないことがほとんどです。

つまり、お客様に明確に予約を取っていただこうと思ったら、**興味を持っている「今」、すぐに動いていただくようにする必要があります。**「今」動いていただかないと、その先はチャンスがどんどん小さくなってしまうのです。

当店では、「お帰りの際、その場で次回の予約をしていただく」ということをコツコツと推進してきた結果、予約が先まで埋まるようになり、新規の方に対しても、信頼される人気店、予約の取りにくい希少価値のある店という印象を持っていただき、集客効果を高めることになったのです。

ですから私は、他のサロンに対しても次回予約を取ることをおすすめしているのですが、現実にはなかなか思うようにいっていない店が多いのも事実です。そこで、しっかりとした極上の接客でお客様に感動を与え、信頼関係を深めていくことが大事になるのです。

予約制という仕組みにしにくい業種もあると思いますが、例えば飲食店でも、予約制にすることは可能です。もっとも眺めのよい席や個室などを、ひとつだけ「特別予約席」としておき、そこを「1日1組限定」などと告知するのです。その予約席を利用した方だけに特別サービスやサプライズを用意すれば、満足感が上がるだけでなく、クチコミにもつながりやすくなります。

あるいは「行列のできる店」などというのも効果的ですが、これは行列をつくるまでが大変です。さくらを使ってもそれは後々逆効果となってしまうでしょう。ではどうすればいいでしょうか。「行列に並んでいる人にサプライズ」すればいいのです。暑い中並んでくださっている方に冷たいおしぼりを出してみる。寒い時には毛布や温かいお茶などもいいかもしれません。多少のコストや労力はかかりますが、お客様は期待していなかっただけに、その喜びは大きなものとなり、記憶にも残りやすくクチコミにもつながっていくでしょう。行列というのは大きな宣伝効果です。その方たちに心から感謝の気持ちを贈る。その心遣いこそがお客様の心を動かすもの、すなわち「極上の接客」なのです。

予約で埋まっていることや行列ができることなどは、その店の人気ぶりを示すことになり、それがさらに集客効果を生み出します。私のまわりでも人気店と呼ばれている店はだいたい予約が取りにくい店です。「人気店なのだから予約が取りにくいのは当たり前でしょう」と思うかもしれませんが、実は逆なのです。

「人気店だから予約が取りにくい」のではなく、「予約が取りにくいから人気店になったのです。」

私のサロンが、なぜびっしりと予約で埋まっているのか。なぜ予約が埋まるようになったのか。その答えは意外なものです。

実はそれは、「予約でびっしり埋めようと思ったから」です。屁理屈のように思われるかもしれませんが、大事なポイントです。何事でもそうですが、**何もせずに結果が出ることはありません。**大事なのは「それをやろうと思うこと」。やろうと思わなければ絶対に達成できません。誰かが勝手にやってくれるわけではありません。売上を上げたかったら、まず「売上を上げよう」と強く思うことです。その思いがなければ、絶対に売上は上がっていかないのです。

オープン当初、私のサロンの予約表は真っ白でした。「今日も予約が入っていない……」。1ヶ月先まで真っ白の予約表を見ながら、毎日毎日不安な日々を過ごしていました。「明日はお客様がいらしてくれるのだろうか?」「誰も来なかったらどうしよう」。そんな不安との戦いでした。出勤して、予約表を見るたびに、不安で押しつぶされそうになります。

「何とかしなければ……」。それでもお客様は増えず、とうとうサロンがつぶれるかどうかという崖っぷちに立たされました。そんな時に、真っ白な予約表を見つめながら、こうつぶやいたのです。

「絶対に……、この予約表を真っ黒に埋めてみせる」

そこがすべての始まりだったように思います。そこからさまざまなことを試し、チャレンジし、失敗と小さな成功を繰り返しながら、がむしゃらになって動き、気づけば今のようになっていたのです。

今でも、当時の真っ白だった予約表は大事に保管してあります。それを見るたびに、今通ってくださっているお客様に心から感謝の気持ちが溢れてきます。

極上の接客とは、テクニックなどではありません。涙が出るほどの感謝の気持ち。それを、心を込めてお客様にお伝えしていくことなのです。

Hearty Hospitality

となりのサロンの「極上の接客」——事例紹介

私は日本全国の小さなサロンを盛り上げるべく、技術面、経営面の支援を行なっています。販促のアドバイスでサロンに直接おうかがいしたり、セミナーを開催して知り合う方もいらっしゃいます。また、私の書籍を読んで感想を送ってくださったことでつながった方もいます。

本項では、そんな小さなサロンの仲間の方たちの事例をご紹介いたします。本書の最新版を執筆するにあたりサロンの状況をお聞きしたところ、快く教えてくださいました。となりのサロンの「極上の接客」をのぞいてみましょう。

【滋賀県彦根市　リフトアップ専門サロン　Garden　小山友子さん】

https://hikone-garden.com/

サロンとして当たり前だと思っていることでも、特に初めてのお客様は戸惑われることがあると考えて、お客様の動線に沿ってサロン内を常にチェックしています。例えばガウンの着方ひとつでも、「胸のどのあたりまで上げるのか」「下着はどうするのか」など、迷われることもあると思い、ガウンと一緒に「着用例の写真」を置いています。

施術に関しても、1時間以上仰向けになることがつらいお客様もおられることを忘れないようにしています。お体を楽にしていただいてもよいタイミング（パックの作成中など）にはかならずお声がけし、ターバンも頭痛が起こらないよう、適宜、巻き直しやチェックをしています。

また、お着替え中に咳払いをされているお客様には、施術前のタイミングでお茶をお持ちしたり、施術後のテーブルにはのど飴を用意したりして、姿勢だけでなく喉や呼吸に関してもリラックスしてお過ごしいただけるよう心がけています。すると、お客様はホッと安心した お顔をされ、「優しい心遣いありがとう」とお声をかけていただくこともあり、こちらもうれしい気持ちになります。

お客様のお誕生日には、入浴剤やフットパック、お客様のイニシャルの入ったハンカチなどをプレゼントしています。すると、プレゼントの写真をわざわざ撮ってインスタグラムに載せてくださったり、私にも写真を送ってくださることもあって、喜んでいただけてよかったなと思いますし、何よりお客様が1年を通して健康にお過ごしになったことがとてもうれしく、その気持ちを込めてプレゼントをお送りしています。

【兵庫県西宮市　facial salon gift　井出理沙さん】
https://linkfly.to/30417J2aOrk

育休が明けたら、長年勤めているエステの仕事に復帰予定でしたが、ちょうどコロナが流行し始めた時期で、緊急事態宣言と共に会社の事業も縮小され、会社都合で退職することになりました。

エステティシャン歴もちょうど10年の節目だったので、挑戦してみようと思い、エステサロンを開きました（それまでは、まさか自分でお店をオープンするなんて、考えたこともありませんでした）。

経営についてはまったく無知な状態だったので、「まずは本を読んで勉強しよう！」と、探していた時に出会ったのが向井先生の本でした。どこに行くにも持ち歩き、受験勉強さながら赤ペンをひいてボロボロになるまで読みました。

そのおかげで、お客様に感動していただけるお店づくりができたと思っています。本がなければ1年先まで予約が入るほどのサロンをつくることはできなかったと思っています。本当に感謝の気持ちでいっぱいです。

私がサロンの運営で成功したと感じる点には次のことがあります。

・「1日◯名様限定エステサロン」というブランディングをすることで、1年後の予約までまとめて取ってくださるお客様が増えました。また、まだお会いしたことのないご新規様も、〝予約が取りにくいサロン〟というイメージがついているのか、まとめて2回分の予約を先に取られる方が増えました。

・初回から全力で感動する接客と施術を行なっていることで、こちらからご案内しなくても、お客様のほうから「次の予約を取りたいです」とおっしゃっていただけるようになりました（リピート率ほぼ100％）。

お客様からいただいた、「井出さんと出会えてよかった。かけがえのないエステサロンです」「ここに来るのがいちばんの楽しみなんです」「エステが楽しみすぎて明け方まで眠れなかった」「カレンダーを見て、指折り数えてエステの日を楽しみにしていた」「ここに来ると、お肌も心も整います」「これでまた1ヶ月頑張れる！」といったありがたい言葉の数々が私のエネルギーになっています。

【東京都港区　麻布エステ　UNO DJENNE（ウノジェンネ）　山﨑玲子さん】

https://www.uno-djenne.com/

「今の自分が1番好き！」そんな毎日になるように、痩身ダイエット・デトックスリンパ・アロマトリートメント・小顔フェイシャル・ブライダル・マタニティ・セルフ脱毛と、トータルケアできるサロンを経営しています。

お客様とのエピソードで印象深いものがあります。そのお客様と出会ったのは12年前。ある媒体からのご予約で、はるか遠方の神戸市在住だったためリピートはないかなと思っていたのですが、私のサロンにずっと来てみたかったと思ってくれていたこと、また、ご両親が亡くなられていて、3回忌と7回忌を同時に行ない、とても疲労していたことなど、いろいろなことを話してくださいました。

少しでも心と身体の疲労回復につながればと、丹精込めて施術したのはもちろんのこと、遠方から来てくださったお礼と、少しでも元気になっていただけるように、販売していた

〝練り香水〟をプレゼントしました。

「また絶対に来ます!」と、とても喜んで帰られ、私もうれしかったものの、まさか本当に翌月もいらしてくださるとは思いもしませんでした。そればかりか、その翌月も、また翌月も。なんと2年間、毎月いらしてくださったのです。

お仕事で出世され多忙になってしまったため、その後は毎月ではなくなったものの、年に数度はかならず訪れてくださいました。スイーツ好きな彼女のために、神戸にはないスイーツ店を調べて、一緒に食べに行ったこともあります。

しかし、ある時からパッタリ連絡が途絶え、仕事が多忙なのかと思っていたのですが、実は、なかなか完治が難しいご病気にかかってしまったとのことをお聞きしました。しかも亡くなられたお母様が病気になった年齢と同じ歳の出来事でした。

「コロナが明けたら、かならずうかがう」と、サロンのことも心配して連絡もくださっていた彼女。今度は私が彼女の励みに少しでもなれるよう、いつかまた再会できる日を楽しみに、今もずっと交流を取り続けています。

Hearty Hospitality

私のサロンが顧客満足度日本一になった真の理由

接客の本を書いているからには、自身の店の接客が何らかの客観的な結果を出していないと話になりませんが、おかげ様で私の経営するサロンは２０１９年、とあるエステの全国大会で「顧客満足度1位」を獲ることができました。

７００店ほどがエントリーする中での1位でしたが、その審査の方法というのは、サロンに突然、**覆面調査員がお客様に扮して予約・来店し、約90項にもおよぶ細かな項目に厳しく点数をつけて評価していく**というものです（覆面調査といっても、それ以外が常連の方ばかりなので、予約が入るとすぐわかるのですが……）。

接客1位を目指し万全の態勢で臨むつもりだったのですが、運悪くサロンの大規模な店舗移転の時期と重なってしまい、バタバタの中で迎えた顧客満足度調査。

仕方がない。対策を練る時間もないので、私は最終的にスタッフたちにたったひと言、こう告げました。

「いつも通り、いつものお客様と同じように接してください」

結果、スタッフたちの頑張りによって、調査員の方〝全員〟が満点をつけられ、見事優勝。

しかし、これには大きな理由があったのです。

調査員の審査はとても細かく、一つひとつの項目に点数だけでなく丁寧にコメントも添えられています。その報告書を閲覧する中、私はあることに気づきました。

ひとりの調査員は全項目まさにベタ褒め。どこを読んでも称賛の嵐で、心から満足してくださったことがうかがえました。

一方、別の調査員の方の報告書には、数々の手厳しいコメントや改善案などが書き込まれていました。文言だけを追えば、まるで低評価のダメダメ店であるかのようです。それなのに、それなのに、各項目の点数はすべて満点だったのです。

ここに接客の真髄があります。

お客様と店員は「人と人」。そして調査員の方もまた「人」であるということ。

店を評価するのは機械ではありません。血の通った「人」です。

人はそれぞれ好みも違えば、満足されるポイントも異なります。ましてお客様を絞り込んだ万人受けしない店となれば、すべてのお客様が同等に満足されることなど、まずあり得ません。今回のように真逆の価値観を持ったそれぞれの方に、同じ評価などしていただけるはずがないのです。


ではなぜ、両極端なおふたりが、どちらも満点だったのか？

その答えもまた、「人」であるからです。

人は心で動きます。細かな一つひとつの評価ではなく、**「どれだけ心が伝わったか？」**。その思いこそが審査項目を超えた「感動」へとつながり、大きな結果をもたらしたのです。


極上と呼ばれる接客の裏技。

それはずっとずっと奥のほうにあって見えにくいもの。でも、奥の奥にあるからこそ、いつまでも色褪せることなく、どんな時代でも極上であり続けるのだと私は思います。

PART7

Hearty Hospitality

愛されたければ愛すること——さらにお客様に愛され続けるために

Hearty Hospitality

「お客様は神様」ではない

本当に大切なのはお客様への思いと感謝の気持ち。

それこそが極上の接客なのだと述べてきましたが、そんなことは昔から誰もがいっている当たり前のことです。ここまで読まれてきて、結論はそんな当たり前のことだったのかと思うかもしれません。

しかし、考えてほしいのです。その当たり前のことを、はたしてどれだけの店ができているでしょうか？

当たり前だからこそ、多くの人が軽視してやろうとしない。だからこそ、それをやり続けることが大きな結果につながるのです。店が大きくなればなるほど、組織が大きくなればなるほど、その当たり前の「思い」を伝えていくのが難しくなります。だから、そこに小さな店にとってのチャンスがあるのです。

本章で、さらにその思いを深めてまいりましょう。

「お客様は神様です」。一見、とても素敵なフレーズですが、実際にはこう思うことで、かえってお客様との関係を悪くしてしまっている場合が多いようです。事実、本書が初めて出版されてから10年の間に「カスハラ（カスタマーハラスメント）」という言葉も一般化し、もはや「お客様は神様です」の精神も時代遅れのものとなっています。

神様ではなく「人と人」。それだからこそ心が伝わり、分かち合い、わかり合い、結果としてその中に、**「想像を超えた感動＝極上」**が生まれてくるのではないでしょうか？

そう。本来、**サービス（商品）をする側とお金を支払う側の関係は対等なもの**です。「対価」としてサービスとお金を交換しているだけであって、どちらが上でどちらが下というものではないのです。それを「神様」と間違った解釈をしてしまったために、変にへりくだったり、クレーマーを集めてしまうことになってしまったのです。

PART6で、お客様と店員との関係は、「後輩と先輩」「生徒と先生」「患者と医者」のようなものが望ましいと書きましたが、これはカウンセリングや施術、アドバイスをする時のことをいっているのであって、実は**お客様との位置関係は、「接客のタイミング」によって変わっていきます。**

接客には3つのタイミングがあります。

- **1つ目は、カウンセリングや商品の説明、提供の時**
- **2つ目は、お出迎えやご案内、施術、雑談、お見送りの時**

3つ目は次項で説明しますが、この3つの局面によってお客様と店員との関係を使い分けることが、店をよくしていく秘訣だと私は思います。ただ漠然と、お客様といつも同じ位置関係を保つのではなく、タイミングによって関係性を変えていくのです。

1つ目のカウンセリングや商品の説明の時は、「患者と医者」のような関係です。2つ目のお出迎えやご案内などの時は、私は「我が子と親」のような関係だと考えます。我が子といっても、まだ言葉もしゃべれない赤ちゃんのような状態。右も左もわからないから、わかりやすく優しく丁寧に教えることに神経を注ぎます。「上着をお預かりします」「お手洗いはこちらです」「お着替えはこちらに置いてください」「力加減はいかがですか」「わからないことはないですか」などなど、かゆいところすべてに手が届くくらいの気遣いで、先の先までサポートしていきます。

特に初めてのお客様は店のことをまだ何も知らないのです。何も知らない赤ちゃんと同じです。赤ちゃんでも安心して理解できるように、優しく優しく案内していくことが大事なのです。

私も自分が父親になった時に痛感したことがあります。生まれたばかりの頃は毎日泣いてばかりで言葉も通じず、寝不足になるばかりで、何をしたらいいのかもわからない不安の日々を過ごしていました。でも少しずつ、言葉は話せなくても訴えたいことがわかるようになってくると、これをしてあげよう、こうしたらもっと喜ぶかなと、するべきことがわかってくるのです。

同じように、**お客様は何をしてほしいとか、何が不満だとかを口に出していただけない場合**がほとんどです。それを、**ちょっとした表情の変化やしぐさで敏感に感じ取り、察する。**想像力を働かせ、何かいわれる前に相手の気持ちを理解して喜んでいただくことに集中する。そのように接していくことこそが、お客様に心から喜んでいただける接客なのではないかと思うのです。

そしてもうひとつ、何よりも大切なことがあります。それは、我が子の見せる笑顔です。

いろいろと苦労して頑張って、子どもが笑顔を見せてくれた時、それまでの苦労をすべて忘れてしまうほどの幸せを感じます。ただその笑顔を見るためだけに、また頑張ろう、頑張って何かをしてあげようと思います。

それは、お客様についても同じだと思います。出来得る限りの最高の接客と心からのおもてなしでお客様に接し、お客様が最高の笑顔を見せてくださった時、それこそが接客業をやっていてよかったと思える最高の喜びの瞬間なのではないでしょうか。

苦しいこともあります。つらいこともあります。不安や焦り、戸惑い、陰での努力、涙、それがどんなにたくさんあっても、お客様の心からの笑顔を見た時、すべてが幸せへと変わります。ここまで頑張ってよかったと思えるのです。その無償の愛、お客様の笑顔を見たいと思う気持ちこそが、サービスを超えた「極上の接客」なのだと思うのです。

Hearty Hospitality

もうひとつの接客のタイミング

さて、カウンセリングや商品の説明、提供の時。お出迎えやご案内、施術、雑談、お見送りの時。それ以外の3つ目の接客のタイミングがいつなのか、わかるでしょうか。それは、**「お客様が店を出たあと」**です。

「お客様が店を出たあとも接客？」と、不思議に思われるかもしれません。しかし、これを接客と考えるか考えないかで、その後のお客様との関係性やリピートへとつながる確率が大きく変わってくるほど、とても重要なのです。

例えば、「物事を点で考えるな、線で考えろ」とよくいわれます。一つひとつのサービスを単発で考えるのではなく、それぞれがつながっている、関連があるものと考えるのです。わかりやすくいえば、集客にしても、SNSやチラシ、ホームページ、ブログ、LINE、メルマガなど、さまざまなツールがありますが、それぞれを単発で行なっていてもなかなか効果は上がりません。SNSからホームページへの誘導、ホームページからブログやLINEにつなげてさらに魅力を知っていただくなど、点と点を結んで線にしていくことが効果を上げるコツなのです。

しかし私は、それでもまだまだ甘いと考えます。点でも線でもなく「円」で考えるのです。「円」で考えるとはどういうことでしょうか。**お客様が来店して退店するまでがサービスな**

のではなく、次回来店されるまでがサービスだと考えるのです。

来店だけを見るのが「点」、来店から退店までをつなげて見るのが「線」、そして次回の来店までを考えれば、同じ場所に戻って来るので、それは「円」になります。

ここまでの流れを意識して考えられれば、お客様は再び、三たび、戻って来られるので、ずっと通い続けてくださることになるのです。

では、どうすれば次回の来店まで考えられるのでしょうか。それが、「退店したあとも接客」と考えるということです。

この接客のタイミングの時に、お客様との位置関係をどう考えるべきでしょうか。お客様が店から帰られたあとのお客様と店との関係、それは**「遠距離恋愛の恋人同士」**のような関係です。

ただの恋人ではありません。遠距離恋愛の恋人同士です。遠距離恋愛は長く続かないイメージがありますが、それでも長く継続し、幸せになっているカップルはたくさんいます。そんな彼ら彼女たちはいったいどんな努力をしているのでしょう。きっと、こまめに電話やＬＩＮＥでやり取りしたり、久しぶりに会った帰り際には次に会う約束をしたり、「今度はどんなことをして相手を喜ばせてあげよう？」と考えたりしていると思います。

こういった、**遠いところにいる恋人を思うような気持ちや行動こそが、お客様との関係を継続させるコツ**なのです。

具体的にどんなことをするのかといえば、お帰りになったあとにお礼の手紙を出す、定期的に会報誌（ニュースレター）やメルマガを出す、お帰りの際に次回のご予約をしていただく、サプライズやキャンペーンなどを行なう、といったことですが、大事なのはその行為ではなく、気持ちの部分です。

遠距離恋愛の恋人たちは、相手を利害関係で見ているのではなく、**純粋に「また会いたい」「喜んでほしい」という思いやりの気持ち**で接しているということです。ですから、決してニュースレターやDM、次回予約などが売り込みだけのものになってしまってはいけません。純粋に「会いたい」「喜んでほしい」という気持ちで行なっていくことが大切なのです。

しびれるようなラブレターを贈る

Hearty Hospitality

「お客様に思いを伝える」。今はメールやLINEなど、人との交流も簡単で便利な時代になりましたが、やはり手紙というのは特別な存在感があります。**便利な時代だからこそ、アナログな手紙というものが効果を発揮する**といってもいいでしょう。

本書初版を書いてから10年が経った2024年現在においては、私のサロンではLINEにも力を入れていますが、やはり何だかんだいって、もっとも反響が大きく、反応率がよいのはアナログのニュースレターなのです。

少し話がそれますが、**便利さとその弊害**について、私が体験した実例をひとつ紹介します。お客様が店に予約を入れる際には、さまざまな手段があります。電話、メール、ネットの予約フォーム、LINE公式、自動予約システムなどです。

直接電話して予約を入れるのは、お客様からしてみると少し勇気のいるものです。どんな人が電話に出るのだろう、嫌な対応をされたらどうしようなど、緊張しますし、それらを乗り越えて、かなりの覚悟を持ってお客様は電話をしてくださるのです。

それに比べ、メールはまだ気が楽です。一方的に送れますし、夜中など営業時間ではなくても送ることができます。それだけチャンスのロスを抑えられるということにもなります。それでも、わざわざメールの文章を打つのが面倒くさいという不便もあります。

その点で便利なのが予約フォームです。受けたいメニューを選び、名前の入力など、案内通りに記入していくだけで予約することができます。それに輪をかけて便利なのが自動予約システムです。ウェブサイトの予約空き状況を見て、空いている時間をクリックして必要事項を打ち込むだけで、簡単に一発で予約完了まで進むことができます。

予約をする際のお客様の負担を減らせば減らすほど、予約の数は増えていくものです。さっそく私のサロンでも自動予約システムを導入しました。しかし、しばらくしてある変化に気づいたのです。

「最近、やけにキャンセルや予約変更が多い……」

そう、自動予約システムは予約を入れるのも簡単ですが、予約の変更やキャンセルもワンタッチでできる便利な仕組みなのです。しかも店員と顔を合わせたり、直接話したりする必要もないので気楽にキャンセルできるのです。

その気軽さのためか、予約の変更やキャンセルが増えていったのです。予約制の店の方には、キャンセルがどれほどつらいものか、身に染みてわかると思います。せっかく準備したものが無駄になったり、他に入りたいお客様がいらっしゃったのに入れなかったり。代わりのお客様が見つからなければ、その時間の売上はゼロになってしまいます。

特に個人規模の店の場合、精神的な面も含めてその痛手は計り知れません。聞いた話では、キャンセルが増えすぎてつぶれてしまったサロンもあるそうです。当時の私のサロンでも、そんなキャンセルがどんどん増えていき、多い時はその日に予約していた6名全員がキャンセルということまでありました。

それだけではありません。いつの間にか予約時間が変更されていて、あやうく見過ごしてしまいそうになったり、ダブルブッキングしてしまいそうになったり、ということも何度かありました。数分ごとに予約状況を確認しなければならないという恐怖感に怯えることになったのです。そこで、このままではまずいと、そのシステムをやめることにしたのですが、リースで組んだ数百万円はとても高い勉強代になりました。

このように、便利なものにはそれに見合った弊害があります。キャンセルや予約変更する理由は、もちろん重大な用事や不慮の事故などもありますが、その多くが友達との遊びの予定が入ったなど、気軽なことだったりします。実際に私のサロンでは、そのシステムをやめてからはパタリとキャンセルが減ったのです。

つまり、**予約を入れる時の便利さに比例してキャンセルもしやすくなる**ということです。電話でキャンセルを伝えるのは、電話で予約を入れる以上に勇気がいります。だから安易な理由ではキャンセルしません。

もちろん、この便利な機能を有効に活用されている店もたくさんありますから、どちらがよくてどちらが悪いというわけではありません。そういう弊害もあるということを知ったうえで、あなたの店に合った方法を取り入れていけばいいのです。

さて、話を戻しますが、便利なものが主流になり当たり前になればなるほど、昔ながらのやり方が効果的になるというのはよくある話です。乗り物に乗って簡単に登った山よりも、苦労して足で登ったほうが景色もきれいに見え、感動が大きくなるのと一緒です。

ですから、ふだんLINEやメルマガだけでお客様とコミュニケーションを図っている方は、ぜひ手紙を書いてみてください。ポスティングや店頭のチラシを業者に頼んでつくってもらっている店は、ぜひ手書きで書いてみてください。きっと大きな反響が得られるはずです。字が下手でもいいのです。**大事なのはあなたの思いが伝わるかどうか**なのですから。

お客様と店との関係は恋愛関係によく似ていると前述しました。愛したり愛されたり、相思相愛になったり。ただ、どちらかというと、学生時代のような淡い「恋」というよりも、信頼関係をともなう「愛」というイメージです。繁盛している店というのは、それだけたくさんの人に愛されているということ。つまりモテるということです。お客様から愛されなければ、いつまでも店は栄えていきません。

では、どうすればお客様から信頼を持って愛してもらえるようになるのでしょうか。それには、**「まずは自分から愛する」**ということです。相手を心から好きになり、どうしたら喜んでもらえるのかを必死に考える。どうしたらその人に見合った自分になれるのかを必死に考え、努力する。そしてその思いを素直に伝えるのです。

どこか、お客様に対して素直になれない自分はいませんか？　裏腹な行動をしてしまっている自分はいませんか？　本当はこうしたいのに、恥ずかしがってできないでいる自分はいませんか？　人は人生を振り返る時、やって失敗したことよりも、やらなかったことを後悔するといいます。あなたの思いが片思いのまま、何もしないで後悔してしまわないように、心を込めてその思いを文字にして伝えていきましょう。

DMはそんなに必要か

Hearty Hospitality

ただし、手紙にせよＬＩＮＥにせよ、送りすぎるとかえって逆効果です。あなたも、ポストに届けられるたくさんのＤＭや、スマホの通知にうんざりしたことがあることでしょう。最初は興味があったとしても、数が増えてくると読み切れずに段々やっかいになってきます。あとで読もうと取っておいても、それがたまってくると邪魔になり、ゴミ箱行き。ＬＩＮＥだったら、簡単にブロックされてしまいます。

どんなに愛していても、その行為が行きすぎるとストーカーと呼ばれます。ただがむしゃらに送ればいいというわけではなく、やはりそこには相手への思いやりが必要なのです。

私のサロンでは、郵送物はニュースレターを月に1回、ＬＩＮＥ配信は多くても月に2回までと決めています。それが多いのか少ないのかはお客様によって判断が分かれるでしょうが、このあたりは**自分の感覚でいい**のです。

多すぎても迷惑、少なすぎても効果が薄れるなど、その加減は難しいところですが、あなた自身が「これくらいが最適だ」と思う回数で行なうのがベストです。なぜなら、あなたのまわりに集まってくるお客様は、あなたと同じ好みの方が多いからです。

これまで極上の接客のために自分自身をしっかりと磨き、素敵なお客様を増やしてきたあなたですから、その感性に従うのがベストなのです。

Hearty Hospitality

なぜお客様は離れていくのか

接客の基礎を学び、極上の接客を行なっていくと、あなたやあなたの店のファンはどんどん増えていきます。2回目3回目と、回を重ねるごとにお客様の感動は大きくなり、店はリピーターで溢れるようになるでしょう。そうなると新規集客にかけるお金も少なくてすむようになり、ますます店は好循環になります。

しかし、現実は理想通りにはいかないもの。どれほど接客を極めても、やはり離れていくお客様はいらっしゃいます。

例えば遠方に引っ越したとか、結婚して環境が変わった、あるいは転職や病気、最悪は亡くなってしまうことも長い年月の間には起こってきます。

もちろん、店が自分に合わなかったという理由もあるでしょう。しかし、ある統計によると、そのような明確な理由で来られなくなるパターンは、すべて合わせても20％ほどにすぎないといいます。そして残りの**80％が同じ理由**なのです。

その衝撃の理由は、**「なんとなく忘れていた」**だというのです。

つまり裏を返せば、どんなに接客を極め、お客様のことを思いやり、最高の感動を与え続けたとしても、そのうちの80％の方は、なんとなく忘れて店に来なくなってしまうのです。

そう考えると、店での接客以外にも、**いかにお客様に忘れられない仕組みをつくっておくこと**が重要かということがわかるでしょう。

お帰りの際にその場で次回の予約を入れていただく「即日次回予約」や、チケット（回数券）の販売、ひと工夫したポイントカード、お礼のハガキやニュースレターなど、いくつかのツールを使って、その「忘れない」をフォローしていくことが大事なのです。

しかし、ここでも忘れてはならないのは、**「ツールだけを使ってもうまくいかない」**ということです。素晴らしい技術と極上の接客が大前提にあり、その補佐役としてこれらのツールを使うのです。技術だけでもいけない、接客だけでもいけない、ツールだけでもいけない。すべてが融合して初めて、お客様に愛される人気店へとなっていくのです。

さらりと簡単そうに書いていますが、とても大事なことなので念を押しておきます。これをお読みの皆様の中には経営者の方も多くいらっしゃると思います。

でも実は、技術者は経営が苦手な方が多いのです。エステティシャン、セラピスト、理美容師、調理師など、**技術を持っている人は、どうしてもその技術に頼ってしまいます。**「私の技術があれば、きっとお客様は喜んで気に入ってくれる」「俺の料理はどこにも負けない。一度食べたら忘れられないはずだ」。そんな自負心を持っている人が多いと思います。

しかし、どんなに技術が素晴らしくても、どんなに設備がよくても、80％の方は「何となく」忘れて来なくなってしまうのです。そして、技術に自信のある人ほど、激安クーポンサイトの次のような営業トークに弱いものです。

「どんなに安い金額で集客したとしても、あなたの技術さえ知ってもらえれば、かならずリピーターは増えていきますよ！」という言葉を信じてしまうのです。

しかし、覚えていますか。クーポンサイトを使う人の20％は、「来店する前から絶対に1

回しか行かないと決めている」のです。

私は前著で勇気を持って、「安売り集客はよくない」と書きましたが、それでもその後、読者の方から続々とこんな相談が寄せられました。

「安売りはよくないと聞いていたのに、安売りクーポンサイトに手を出してしまいました。単価は上がらないし、リピートにはつながらないし、クレームは多いし、この先どうしたらいいでしょう」

その相談件数は、この2年で50件を超えます。本に書いてあって、納得して、それはよくないと知っていたのにこうなのです。日本中の経営に携わる、技術者の方へあらためてお伝えしたいと思います。技術だけでは絶対に店はうまくいきません。技術だけに頼るのではなく、しっかりと経営を学んでください。

なぜお客様は離れていくのか？　あなたが技術者のプライドを捨てた時に、初めて店の経営はうまくいくのかもしれません。

ワクワクとドキドキをいつまでも

Hearty Hospitality

技術や接客にプラスしてツールや仕組みをうまく使うことで、何となく店に行くことを忘れてしまう80％のお客様を防ぐ。そうすれば鬼に金棒、一気にリピーターの数は増えていきます。すべてがうまく噛み合えば、リピート率9割以上も夢ではなくなるでしょう。

それでもやはり、5年6年とずっと通い続けていただくのは至難の業です。なぜなら人は、忘れるだけでなく、**「飽きる」生き物**だからです。

これは前章でも何度か書きましたが、毎回毎回新しい感動を与え続けるのはとても大変です。しかも、そんな感動にもお客様はだんだん飽きてきて、徐々に店から離れていってしまいます。離れなかったとしても、もうひとつの問題があります。初めのうちは毎週来られていたのに、だんだん回数が減ってきて、月に2回、月に1回、ついには2ヶ月に1回くらいまでペースが落ちてくる。そう、**来店頻度の低下**です。

「店のことは気に入っている。金額も高いとは感じていない。だけど、最近何となく感動がない」。そういうお客様は来店しなくなるのではなく、来店頻度が徐々に下がるという形で現われてきます。

「来る頻度が減るだけか」と甘く考えないでください。

例えば、月に1回の頻度で通われていたお客様がいたとします。そうすると、この方は1年間で12回来店されることになります。ではもし仮に、この方が月に1回ではなく「4週間に1回」のペースで来店されたとしたらどうでしょう。月（30日）に1回と4週間（28日）に1回、その差はわずか2日でしかありません。たった2日の違いですが、1年間で見てみると、365÷28＝13・03。つまり、年に13回来店されることになります。年間来店数が1回増えたということです。

「たった1回か」と侮ることなかれ。この方だけでなく、もしも全員のお客様が2日だけでも来店サイクルが短くなったらどうでしょう。仮に月に150名の来店がある店で客単価1万円だったとしたら、なんと！　年間で150万円の売上が変わってくることになるのです。たった2日の違いで150万円。それくらい来店頻度は重要だということです。

そう考えてみると、やはりお客様を飽きさせてしまってはだめです。常にお客様にワクワクやドキドキを与え続け、新鮮な気持ちになっていただけるように努力し続けていかなければならないのです。

Hearty Hospitality

キャンペーン成功の鍵は中身ではなくその理由

常にワクワクとドキドキを与え続ける方法は、自分の店をよく知る皆さんにそれぞれ考えてほしいところですが、ひとつだけ私の店で実際に行なっていることをお伝えします。それは接客ではなく販促の話になりますが、**「期間限定特別メニューを定期的にキャンペーンで行なう」こと**です。

つまり、その期間だけしか受けられない新メニューをつくり、キャンペーンとして提供しているのです。例えば「9月～10月の限定メニューはコールド&ホットストーン」「11月～12月の限定メニューは炭酸パックゴージャスアロマ」というような感じで、その期間にしか受けられない新しいメニューを考案し、それを通常のメニューよりもゴージャスな価格で提供しています。

お客様は常に新しいものに興味がありますし、ましてその時に受けなければもう二度と受けられないかもしれないのです。私のサロンでは、ほとんどの常連様が、このキャンペーンメニューを受けられます。このキャンペーンは店側にとっても、通常より単価が上がるということで十分なメリットがあります。

「キャンペーン＝値引き」という発想の人も多いですが、**アイデア次第では、キャンペーンで客単価を上げることもできる**のです。

- **お客様にワクワクドキドキしていただける**
- **毎回新鮮で飽きがこない**
- **客単価も上がる**
- **通常メニューの合間に受ける方もいらっしゃるので、来店頻度も上がる**

お客様にとっても店にとってもいいことずくめのキャンペーンですが、ただひとつの難点は、**「考え出すのが非常に大変」**ということです。飲食店ならメニューをアレンジしやすいのでそれほど大変ではないかもしれません。しかし、エステやアロマ、理美容室などが、限られたメニュー構成の中で常に新しいものを生み出し続けるのは並大抵のことではありません。まさしく「生みの苦しみ」です。

しかも、これは新メニューではなく、「使い捨てメニュー」です。せっかく覚えても2ヶ月ですべて捨ててしまうのです。かなりのもったいなさです。しかし、当店ではこのキャンペーンを始めてもう14年以上になりますが、それだけの苦労をしても余りあるほどの成果が得られています。

大規模なキャンペーンは個人規模の店では無理かもしれませんが、大なり小なりキャンペーンというものはお客様にワクワク感を与え、店自体がイキイキしてきますので、ぜひとも行なってほしいものです。キャンペーンを行なううえでのコツや注意点をいくつか紹介しますので、チャレンジしてみてください。

- かならず有効期限を設ける
- 極端に単価や利益を落とすものはやらない
- 告知は、点ではなく線や円で行なう
- ワクワクする楽しいものにする
- コストのかかるものやリスクの高いものは人数限定にする

・その場の結果だけではなく、次につなげることを考える
・内容よりも大事なのは、そのキャンペーンをする「理由」

特に最後は重要なので補足説明します。キャンペーンを行なううえで、もちろんその中身も大事なのですが、もっと大事なのは、そのキャンペーンを行なう理由です。

何も理由がないのに、ただ「20％オフ」などというキャンペーンは、もっともやってはいけないパターンです。ただ単に利益を下げ、あとには何も続かず、下手をするとその商品の価値自体が下がってしまいます。

逆に、例えば「開業7周年記念キャンペーン」など、そのキャンペーンをやる理由が明確なものは否応なく盛り上がります。富裕層の優良な常連様が増えてくると、ありがたいことに「店を応援したい」という方も増えてきます。そういった方々と共につくり上げ、共に盛り上がれるキャンペーンはかならず大成功します。

ただ単に「最近、入客が減ってきたから」とか「新規を増やしたいから」という店側の都合でキャンペーンを行なうのではなく、「どうやってお客様にワクワクしていただこう？」という視点で考えていくことが大事なのです。ぜひ、お客様の笑顔のために、キャンペーンを成功させてください。

今回、本書の最新版を作成するにあたり、本項を読み返してみて、正直、14年前からすでにこの趣旨でキャンペーンを行なっていたことに驚きました。そしてさらに、**14年が経った今でもまったく変わることなくキャンペーンをやり続けている**ことにも驚きです。つまり14年以上も「生み出し続けてきた」ということ。まさに継続は力だと痛感します。

なお、ここであげた以外でも、私のサロンでは節目節目にイベント的なキャンペーンを行なっています。射的やビンゴ、すごろくなど、そういった誰もが知る懐かしい遊びを少しアレンジしてお客様がワクワクするように仕上げて喜んでいただいています。

詳しい内容やキャンペーンを考え出す方法については拙著『お客様が10年通い続ける小さなサロンのとっておきの販促』（同文舘出版）で書いていますが、実際、ここまでいくとかなり敷居の高い作業になってくるとは思います。でも、思い出してください。何度もいっている通り、ほとんどの店がやっていないことだからこそ、大きな結果へとつながるのです。

「この喜びを体感した私の店のお客様は、絶対にほかの店では満足できないのではないか？」。そんな自負さえ、私は感じるのです。

Hearty Hospitality

資格は己のためならず

エステやアロマの資格は、国家資格ではなく民間資格です。店を開くためにかならずしも必要なものではありません。たしかに資格があったほうが自信もつきますし、お客様への信頼度も上がります。しかし、いちばん恐いのは「この資格を取ったら開業しよう」などと思いながらも、なかなか勇気が持てず「いや、もうひとつこっちの資格も取ってから……」という具合に、ずるずるといつまでも最初の一歩が踏み出せなくなってしまうことなのです。中にはすでに10個ぐらい資格を取っている人もいます。それでも自信がなくてオープンに踏み出せないというのです。

私は夫婦でサロンをオープンしましたが、オープン時、施術者の妻は、きちんとした資格は何ひとつ持っていませんでした。それでもお客様は来られたのです。ですから、これから店を開こうという人は、資格がないことに臆することなく、勇気を持って第一歩を踏み出してほしいと思います。

しかし、サロンのオープンから数年が経ち、売上を上げていく中で、ある衝撃的な出来事に遭遇します。資格の大切さを実感したのです。

オープンから約半年後、痩身エステの導入に伴い、私たちはさまざまな勉強を積みました。太る原因やメカニズム、効果的に痩せていく理論やリバウンドしにくい方法など、ありとあらゆる書籍を読み、自らの体でも実証を重ね、お客様のカウンセリングにあたっていました。当然、しっかりとアドバイスし、施術を行なうことでかなりの結果にもつながり、お客様にも喜ばれていました。それでも、カウンセリングからコースにつながる率や新規の問い合わせの数はまだまだ多いとはいえない数字でした。

そんなある日、インターネットでダイエットのアドバイザーの資格が通信で取得できることを知り、金額は高かったのですが、さらなる知識が学べるならと思い切って申し込んでみたのです。テキストやＤＶＤなどが届きましたが、すでに私は相当な勉強をしていたため、内容はどれも知っていることばかり。試験も一発で満点合格でした。

物足りなさを感じつつも、一応資格は取得したので、それをホームページに載せ、カウンセリングのやり方も少し変えてみたのです。すると……。

まずはホームページからの新規予約が圧倒的に増え、そして、カウンセリングからコース、チケット販売につながる率が劇的に上がったのです。60%から90%ぐらいにまで上がりました。施術の内容は一緒ですし、カウンセリングでアドバイスする内容も一緒です。変わったのはカウンセリングで使うシートと、「認定資格取得」という肩書だけです。たったこれだけのことでこんなにも説得力が変わるものなのかと、大いに驚いたことを覚えています。

考えてみれば当然かもしれません。それまでは、どんなに知識を持っていたとしても、それを客観的に証明するものがありませんでした。巷ではダイエットに関して間違った情報が横行している昨今、一所懸命正しいことを話しても、他人を納得させられるだけの説得力がなかったということです。

どんなに正しい知識を持っていたとしても、どんなに素晴らしい技術を持っていたとしても、第一段階でお客様に受け入れていただけなければ何も始まりません。それが原因で施術につながらなければ、結果としてお客様を満足させてあげられなかったということになります。**技術や知識や資格は、自己満足のためにあるのではありません。お客様に喜んでいただくためにあるのです。**

ですから、もしお客様への説得力が物足りないと感じている方、一所懸命アドバイスしているのに、どうもお客様が真剣に受け入れてくれないとお悩みの方がいらっしゃるなら、現状から一歩抜け出しお客様の満足度を上げるために、今一度、資格を見直し、有効に活用してみてはいかがでしょうか。あなたの説得力が増すことで、幸せになるお客様はまだまだいらっしゃるはずです。

日々学ぶ

Hearty Hospitality

新しい技術を身につける。資格を取得する。本を読み知識を増やす。セミナーを受講し、結果を出している人に教わる。他の参加者との横のつながりを広める……。

私は18年前に夫婦でエステサロンを開きましたが、正直にいってオープン前は気楽に考えていて、店を開けば自然にお客様が集まって来ると思っていました。ですから、当時はほとんど経営についての勉強もしていませんでした。しかし現実はそんなに甘くはありませんでした。最初の2ヶ月ほどは友達しか来店がなく、毎月毎月赤字続きで、半年もしないうちに倒産の危機を迎えることになります。

「店を売りに出そう」、そう思い、見つかった買い手に提示された買い取り金額を見て愕然としました。「買い取り金額0円」。600万円かけてつくったまだ新しい店なのに、1円の価値もない。あせっていた私は足元を見られていたのです。悩みに悩み、眠れない日々が続く中、ひとつの結論に達します。それはあまりにもシンプルなものでした。

「答えはひとつしかない。店の売上を上げること!」

それからはもう、猛勉強の日々です。勉強して実践し、失敗して改善し、転んでは起き、また転ぶ。できることはすべてやってきました。正直、失敗のほうが多かったと思います。これまで勉強に費やしたお金や失敗した金額を合わせると、2000万円は超えます。ただ、その成果もあり、4年で売上は7・5倍になり、本も出版することができました。

もちろん、決して私ひとりだけの力ではありませんし、まわりの方には感謝してもしつくせません。もし、あの時に諦めていたら、必死で勉強しなかったら……。今ここに私はいなかったと、痛切に思います。その後もずっと勉強と実践の日々は続きました。そして翌年は

9・2倍、その翌年は12・5倍、その次は16・5倍の売上を上げることができました。勉強しても勉強してもきりがないほど、学ぶことはありました。

資金、設備、環境、人員、時間。それらにはすべて限りがあります。ですから人は、多くのことはうまくいかないと思いがちです。でも、私はいつも自分にこういい聞かせています。「不可能はない」と。なぜなら、この5つに限りがあったとしても、たったひとつ、人には限りのないものがあるからです。それは「アイデア」です。

どんな逆境にいたとしても、何もかもが不利な状態だったとしても、あなたの中のアイデアだけは無限です。その無限のアイデアをしっかりと活用すれば、かならず道は開けるのです。

ですから、未来の扉だけは決して閉ざさないでください。自分がどんな立場になっても、失敗しても成功しても、常に「学ぶ」ということだけはやめないでほしいのです。

あなたが学び続けることで、かならずこの先の困難も乗り越えられます。そう。不可能はないのですから。

PART8

接客を学べば日常も変わる

Hearty Hospitality

悲しき「現代《いま》」の接客事情

Hearty Hospitality

私は自分で店を始めてからこの18年間、今も毎日欠かさずに心がけていることがあります。それは、自分が買い物をした時、**会計時にはかならず店員さんに「ありがとう」ということ**です。

愛想のよい店員さんにはもちろんですが、仏頂面で下を向きながらレジを打っているような人にもかならずいうようにしています。すると半分くらいの人は、少し笑顔になってくれます。その瞬間がたまらなく好きなのです。

私が初めて接客に携わったのは16歳の時ですから、もう40年近くも前のことになります。その時は高校生で、知人の紹介で皿洗いのつもりでラーメン屋のアルバイトに入りました。「接客」という言葉も知らず、初日はとうとう最後まで、ひと言もお客様に「ありがとうございました」がいえませんでした。人見知りで、店主や他の従業員の人とも、ろくに会話ができず、少し慣れてきた頃でも、お客様からクレームをいわれましたが、最後まで「すみませんでした」がいえませんでした。

でも、そんな私を店主は一度も叱ることなく、温かく見守ってくれました。苦手なことだらけながらも、コツコツと食器を下げては洗う毎日でした。初めて「ありがとうございました」といえた時の、店主のうれしそうな顔は今でも忘れません。

当時はまさかこんな人見知りの私が、その後もずっと接客業に携わることになるとは思いもしませんでした。今でいうフリーターでしょうか。他の夢を持ちながらのアルバイトという形でしたが、フルタイムで正社員並みに働いていました。生意気で上司に逆らってばかりいる使いにくいアルバイトでしたが、いつもお客様のことだけは第一に考えていたように思います。

深夜の牛丼屋のアルバイトでは、お客様の手から血が出ているのを見つけて、スタッフ用の救急箱から絆創膏を持っていったり、酔っぱらって私に嫌がらせをしてきたにもかかわらず、そのお客様の人生相談にのったりもしました。牛丼屋の店員がお客様の人生相談なんてあまり聞きませんが、帰る頃にはすっかり笑顔になっていたのを今でも覚えています。

お客様のことを常に考えて感情で動いていましたが、とにかく会社的には評価の低い従業員でした。私のやり方は大手チェーン店にとっては採算性の低いやり方だったようです。

当然その頃は、自分で店を持とうなんて思ってもいませんでしたが、ただ、その頃から常に私の中には、「もしも将来、自分が店をやるとしたら」という理想のようなものは出来上がっていたように思います。

そして偶然なのか運命なのか、18年前に自分の店をオープンすることになりました。大変なこともうれしいことも、さまざまなことがありましたが、お客様に対する姿勢だけは、あの頃からブレることなく貫くことができたと思います。

しかし今、つくづく思うことがあります。何でコンビニの店員は笑わないのか。何であの飲食店の店員の笑顔は心がこもっていないのか。接客マニュアルに本当に意味はあるのだろうか。形だけのものは崩れ去る時代が、すぐそこまで来ているような気がします。

本当にお客様と心が触れ合った時の喜びを、まだ彼らは知らない。

だから私はいつも彼らにいうのです。「ありがとう」と。

すると、ほら、彼らも本当は笑えるのです。

極上の接客の効能

Hearty Hospitality

ひと昔前、市役所に入った瞬間、とても驚いたことがありました。そこで働いている人の全員の口角が、見事に下がっていたのです。全員が死人のような顔で黙々と働いていました。失礼かもしれませんが、接客の世界にずっといた私には、そう映ったのです。

もちろん役所で働く人は接客業ではありませんから、笑う必要はないのでしょうが、人と接するのだからもう少し笑顔でもよいのではないかと思うと同時に、こんな環境の中で働いていたら、そりゃあストレスもたまるだろうなとも思ったものです。

たまに「接客の仕事はストレスがたまる」という人がいますが、PART2でも書いた通り、私はそう思ったことが一度もありません。

むしろストレス解消になるくらいです。おそらく、ストレスがたまるという人は、お客様からのクレームが多かったり、強引に売ろうとして疲れていたりするのだと思うのですが、

接客を極めていくとクレームもなくなり、強引に売ろうとしなくても売れるようになっていきますから、ストレスを抱えることもなくなるのです。

また、**笑顔にはストレスそのものを解消してくれる効果がある**ともいわれています。口角を上げるだけで、セロトニンという化学物質が分泌され、脳や体の調子を整えてくれるそうです。そう、ただ口角を上げるだけで、脳は「今、楽しい」と錯覚を起こすのです。

笑顔はそれを見る人も幸せにします。電車の車内などでも笑顔でいれば、トラブルやいざこざに巻き込まれたりすることもなく、和やかなムードになります。それ以外にも笑顔にはたくさんのよい効果があります。

これだけよいことばかりなのに、なぜ役所の人は笑わないのだろうと不思議で仕方がないのですが、本書を読んだ方はわかったはずです。ＰＡＲＴ３でも書いた通り、笑顔というのはお客様と接する瞬間だけつくっても意味がありません。お客様に見られていない時でも、お客様がいない時でも、あるいは通勤中でも、ひとりで家にいる時でも、いついかなる時でも常に笑顔でい続けることが大事なのです。笑顔が素顔になるくらいに訓練していくのです。

そうすると、あなたはいつも幸せになります。もしも今、接客が苦しいとか、向いていないとか、クレームがつらいと思っている方は、どこか、「極上の接客」が不十分だということとです。今一度、どこが足りないのかをじっくりと研究して、ぜひ最高の接客術を手に入れてください。そして、あなたのまわりの接客業ではない方々にも、ぜひ笑顔を伝染させていってほしいのです。

私は、接客業の人もそうでない人も、世界中の人全員が「極上の接客」を学べば、もっともっと世の中は幸せになると思っています。接客業ではないから笑っちゃいけないなんて決まりはどこにもないのです。本当に相手のことを思いやり、心からの自然な笑顔の人が世界中に溢れますように。それが、私が本書を書いたもうひとつの願いでもあるのです。

プロとして

Hearty Hospitality

生真面目で、曲がったことが嫌いで、バカ正直で、面倒見がよくて、努力家で、いつも真剣で。

2012年9月。私の学生時代の同級生が癌で他界しました。1年以上も闘病に苦しみながら、それでも若い癌は進行が速く、手術することもできないままこの世を去りました。私は仕事を急遽キャンセルし、お通夜に駆けつけました。まだ40代前半です。

さまざまな思いが駆け巡りましたが、やはり、ただただ悔しかった。

真面目にコツコツ頑張るタイプで、ずっと無理をしていたのは知っていましたし、相当なストレスを抱えていたのも知っていました。

人生には、さまざまな苦難や困難が訪れます。しかし、私や私の妻は接客業なので、私生活でどんなにつらいことが起こっても、翌日には最高の笑顔でお客様を迎えなければなりません。仕事なので、プロなので、どんなにつらくても苦しくても笑顔でいなければなりません。でも本当は、それに救われていたのは私たちでした。

プロとして絶対に笑顔でいなければならない。そう思って無理に笑顔をつくっているうちに、本当に心が楽になったのです。プロは厳しい世界です。何があろうと絶対にお客様を幸せにしなくてはなりません。妥協は許されません。

ただ、逆にお客様たちからいただく笑顔から、私たちはいったいどれだけの幸せをいただいただろう。

お金をいただきながらお客様の笑顔をいただき、「ありがとう」の言葉までいただける。

こんなに素晴らしい仕事は他にはないのではないかとさえ思います。私たちはそれだけ素晴らしい仕事を選び、そこで働いているのです。

今はもういない同級生の彼に、もう少しだけでも笑顔があったら、もしかしたら違う未来があったのかもしれない。今、それを悔やんでもしかたがありませんが、どうか皆さんの最高の笑顔で、ひとりでも多くの人を幸せにしていってほしいのです。きっと私たちは、ひとりでも多くの人を笑顔にするために生まれてきたのですから。

Hearty Hospitality

とことん落ちてからが本当の始まり

接客業は人を幸せにする最高の仕事だと思います。エステもアロマサロンも、ネイルサロンも、理美容院も、鍼灸・整体院も、飲食店も、小売店も。

しかし悲しいことに、こんなに素晴らしい仕事なのに、毎年多くの店がつぶれていってしまっているのもまた事実です。私は、私たちのように苦労する店が二度と現われないようにという願いで、私の初めての書籍『お客様がずっと通いたくなる小さなサロンのつくり方』(同文舘出版。初版は2011年発行。最新版は2018年発行)を書きました。多くのサロンの方から喜びの声をいただきましたが、それでもまだ私は納得がいきませんでした。まだまだ困っているサロンがたくさんあるのです。それから取り組んだのが、協会の立ち上げや良質な商品の開発、セミナーやコンサルティングなどによる個人サロンの方々の経営サポートです。全国を飛び回り、たくさんのサロンの方にお会いしてきました。

今でこそ私の店は多くのサロンの方々から支持され、目標とされる存在にもなっていますが、そんな私も、数年前までは、どん底で苦しみながら頭を抱えるひとりの店舗オーナーでした。

それを救ったのはひとつのセミナーと1冊の本。どうやって自分の店をつぶそうかと考えている最中でした。それをきっかけに、私のサロンは劇的な快進撃を続けていくのですから、そのセミナーと本との出会いがなければ、今の私はなかったといっていいと思います。

しかし、そこには見過ごしてはいけないもうひとつの大事なことがあります。それは、セミナーや本に出会う前の**「どん底」**のことです。

もしかしたら、この「どん底」の時代がなかったら、今の状況はなかったかもしれません。最初からある程度うまくいっていたら、今もそこそこのまま、それなりに暮らしていたかもしれません。そう、どん底の経験があったからこそ、今の私があるのだともいえるのです。

ですから、どうか聞いてください。

今、どん底で苦しんでいる方へ。

もし今がどん底でも、どんなに苦しくても、それは新たなステップへの大きなチャンスなのです。苦しみが大きければ大きいほど、それは未来への大きなバネになります。**バネは押しつけられれば押しつけられるほど大きく跳ね上がる**のです。

どんなに怖くても、まずは一歩踏み出してみること。そうすれば、意外にそれが怖くないことに気づくはずです。そして、いつもとは違った景色が見えてくるはずです。そこに、今まで見えなかったチャンスがあることに気づくでしょう。それを見つけたら本気でしがみつくのです。ピンチをチャンスに変えるのはただひとつ、あなたの行動です。今を変えれば、かならず明日は変わります。

未来が過去の延長である必要はありません。

今日、あなたは何よりも大きな武器を見つけました。

そう、それは、あなたからこぼれる最高の笑顔です。

Hearty Hospitality

笑顔に笑顔は集まる

さて、私が皆さんにお伝えしたかったことも、とうとうこの項で最後になります。今回、接客というテーマで本書を書かせていただきましたが、もしかしたら、あなたにこの本は必要なかったかもしれません。結論として、やはりいちばん大切なのは、「相手を思いやる心」。しかしそれは、もうすでにあなたが持っているものだからです。

「お客様に喜んでいただきたい」
「お客様に幸せになっていただきたい」
「お客様を最高の笑顔にして差し上げたい」

そんな気持ちを胸に、あなたは自分の店をオープンしたに違いありません。

ですから、あとは「それをどうやって相手に伝えていくか」だけです。そのあなたの純粋な心を、まっすぐに相手に伝えていけばいいのです。

卑屈になってはいませんか？
謙遜してはいませんか？
自信をなくしてはいませんか？
自分には無理だと思っていませんか？

そんな時は思い出してほしいのです。
あなたの技術や接客で、最高の笑顔になってくれたあの人のことを。その時の笑顔を。
すると、自然にあなたも笑顔になってくるのがわかるはずです。

その笑顔は、さらに別の誰かを笑顔にします。
その別の誰かの笑顔も、そのまた別の笑顔を呼びます。
笑顔は笑顔を集める魔法です。
気がつけば、あなたのまわりはたくさんの笑顔で溢れているはずです。

あなたとあなたのまわりに、いつも笑顔がありますように。

おわりに

最後までお読みいただき、ありがとうございました。1冊目の著書を書き終えた時、まさか2冊目の本が出せるなどとは思ってもみませんでした。

私のスタートは、夫婦で始めた小さなサロンです。そんな私たちが自己流で行なってきたことが、これほど多くの方々にご支持いただけるとは思っていなかったからです。ところが予想に反して、顔も知らない日本中の方々が私の1冊目の本を広めてくださいました。

たくさんのエステやアロマのスクールの先生方が、生徒さんにすすめてくださいました。化粧品や美容商材のメーカーさんが、取引先のサロンさんにすすめてくださいました。まったく業種の違う飲食店の方が、知り合いのサロンさんにすすめてくださったこともありました。

そして何よりもうれしかったのが、サロンを経営するオーナーさんが、他のサロンさんにもすすめてくださったことです。

当時はまだサロン同士の横のつながりなどはあまりなく、どちらかといえば、自分の店でうまくいった事例などは他店には隠しておきたいというのが一般的な風潮でした。

私はそれを壊したかったのです。それぞれがうまくいく秘訣を隠して自分だけがよくなるのではなく、お互いに協力し合い助け合い、業界全体がよくなっていくことこそが、本当に発展していくことなのではないかと思ったからです。

だからこそ、私はすべてを赤裸々にさらけ出しました。その思いが伝わったのか、小さなサロンのオーナーさんが、本来はライバルであるはずの他のサロンのオーナーさんに私の本をすすめてくださった。これほどうれしいことはありません。

そうやって損得も顧みず、私の本を紹介してくれる皆様がいてくださったからこそ、今の私がいます。心からお礼をいわせてください。本当にありがとうございます。

業界全体がよくなったのかどうか、それは現段階ではわかりません。でも、少しずつ、同じ業界で働く者同士の心の絆が広がっていることを感じています。これからも全力で、全国の小さな店を営む方たちが幸せになれるよう、取り組んでまいります。

また、今回の本を書くにあたっても、本当にたくさんの方々にお世話になりました。なかなか筆が進まず、企画決定から1年以上が経っても、諦めることなく待ち続けてくださった同文舘出版の方々、特に編集担当の津川さん、本当にありがとうございました。

サロンのスタッフの皆へ。

最近はサロン以外の事業も忙しくなり、なかなかサロンには顔を出せなくなってしまったけれど、なにもいわなくてもそれぞれが目標に向かって頑張ってくれていること、とても心強く思います。あなたたちがいてくれるからこそ、私は安心して他の事業や執筆に集中することができました。本当に感謝しています。ありがとう。

妻へ。

本当にたくさんのことがありすぎて何から書いていいのかわかりませんが、まずはふたりの間に元気な子どもを産んでくれてありがとう。ひとり目の子が顔を見せることもなく天国へ行ってしまった時は、夫婦でサロンを開いたことを悔やみました。毎日施術に追われ、体を酷使して、それでも諦めることなく、３３４４グラムの命を誕生させてくれたこと。産声を聞いた時には涙が止まりませんでした。

まだまだ、なにひとつ恩返しもできず、不甲斐ない夫ですが、同じように悩み苦しむ全国の女性オーナーたちの希望になれるよう、ささやかながら幸せな家庭を築いていきましょう。

妻と私の4人の両親へ。

小さいながらも私たちはサロンをオープンし、夫婦で手を取り合い、何とかここまでやってきました。時にはけんかをし、時には大声で笑い、いくつもの壁を乗り越えながらここまで来ることができました。ここまで来ることができたのも、私たちを健康な体に産んでくれたあなた方のおかげだと心から感謝しています。

親不孝でわがままで、心配ばかりかけてどうしようもない子どもだったと思います。でもそんな私たちを、温かく見守ってくださり、ありがとうございます。

今、私たちも父となり母となり、やっとあなた方のスタート地点に立つことができました。偉大なあなた方に少しでも近づけるよう、息子、詞音にとって誇れる親であり続けられるよう、さらに全力で日々歩み続けていきます。

息子、詞音へ。

行き詰まり、悔やみ、自信をなくす中で、君は生まれてきてくれました。懸命に生まれよう、生きようとする君の姿は、何よりも大きな勇気をくれました。そして君が見せる笑顔は、たくさんのことを教えてくれます。私たちふたりを両親に選んでくれてありがとう。生まれてきてくれてありがとう。

最後にこの本を手に取り読んでくださった皆様に、最大級の感謝を捧げて、筆を置きます。本当にありがとうございました。皆様がたくさんの笑顔に包まれますよう、心から願っています。

2013年12月（本書初版時に執筆）

向井邦雄

著者略歴

向井邦雄（むかい　くにお）
一般社団法人日本サロンマネジメント協会 代表理事
株式会社ライジングローズ 代表取締役
サロンスクール経営、講師、サロンコンサルタント、NLPプラクティショナー
高校１年生の時からさまざまな接客業に携わったのち、2006年、夫婦でエステサロン「ロズまり」を開く。経営は未経験ながらも、4年で売上7.5倍、10年で20.1倍、リピート率98%と、揺らぐことのない右肩上がりの経営を続けている。
2011年４月、そのノウハウを余すことなく記した処女作『お客様がずっと通いたくなる小さなサロンのつくり方』が、ネット書店アマゾンでビジネス書部門1位、増刷19刷（2018年刊行の最新版でさらに9刷）のロングセラーとなる。
現在は、カウンセリングの認定資格講座「フェイシャルカウンセラー認定資格講座」や「小顔筋艶肌フェイシャル技術講習」、オリジナルダイエットサプリ「フローラスリム」などの開発も手掛けつつ、経営セミナー等で1500以上のサロンを支援し、日本中を奔走している。
著書に『最新版 お客様がずっと通いたくなる小さなサロンのつくり方』『どんな時代にもお客様の心をつかむ「揺るがない経営」』（共に同文舘出版）などがある。

■**無料メルマガ登録はこちら**　https://rising-rose.com/m/
（無料特典「実例！物販促進マル秘マニュアル」プレゼント）
■**インスタグラム**　https://www.instagram.com/kunio_mukai/
■**Facebook**　https://www.facebook.com/KunioMukai
■**一般社団法人日本サロンマネジメント協会**　https://salon.or.jp/
■**株式会社ライジングローズ**　https://rising-rose.com/
■**向井邦雄 セミナー情報**　https://reservestock.jp/27260

最新版　お客様がずっと通いたくなる「極上の接客」

2024年７月24日　初版発行

著　者――向井邦雄
発行者――中島豊彦
発行所――同文舘出版株式会社
東京都千代田区神田神保町 1-41　〒101-0051
電話　営業 03(3294)1801　編集 03(3294)1802
振替　00100-8-42935　https://www.dobunkan.co.jp

ISBN978-4-495-52602-3
印刷／製本：萩原印刷
Printed in Japan 2024